사랑의 지도

詩로 쓰는 삼대목

국립중앙도서관 출판예정도서목록(CIP)

사랑의 지도 : 고영섭 시집 / 지은이: 고영섭. -- 대전 : 지혜, 2017
p. ; cm. -- (지혜사랑 ; 181)

ISBN 979-11-5728-253-1 03810 : ₩9000

한국 현대시[韓國現代詩]

811.7-KDC6
895.715-DDC23 CIP2017026684

지혜사랑 181

사랑의 지도

詩로 쓰는 삼대목

고영섭

지혜

시인의 말

신라의 상중하대 안목을 담은
고려 조선 대한의 안목을 담은
이 시대의 삼대목을 생각하며
이 시대의 향가를 짓고 싶었다.

노래 중의 노래,
가사 중의 가사,
사람 중의 사람,
시인 중의 시인이 부르는…

노래는 말言과 글字과 악樂이 만나는 지점에서
깨침은 탐貪과 진瞋과 치癡를 여읜 이의
내면 속에서 오직 한 생각
'뿐'과 '만'의 지속으로 이루어지니…

2017년 7월 31일

차례

2부 고려, 하늘에 떠 있는 해와 같이 곱기가 하늘 같이 아름다워

3부 조선, 조족과 선족의 만남을 새롭게 이어가는

4부 대한, 커다란 하나
더욱더 커다란 하나로 나아가는

• 일러두기
한 연이 첫 번째 행에서 시작될 때는 > 로 표시합니다.

1부

신라, 덕업이 나날이 새로워지고 천하의 사방을 망라해 나가는

길

— 사랑의 지도

눈앞에 셀 수 없이 널린 길들도
내 정작 마음먹고 나가려 할 땐
너댓 길 서너 길 두어 길 되다
한 길로 줄어들기 마련이듯이

지상에서 제일로 부지런한 건
나의 손과 또 나의 발이라지만
머리에서 가슴으로 못 옮기고선
가슴에서 발끝으로 못 이르고선

세상에서 제일로 머나먼 길은
머리에서 발끝까지 나아가는 길
발끝에서 온몸으로 못 나가고선
마지막엔 자기조차 못 버리고선

눈앞에 널려 있는 길들 중에서
마음 둘 수 있는 길은 어디에 있나
지상 위에 남겨진 오직 한 길은
내 온 몸을 던져서 열어가는 길.

이 시대의 삼대목*

밥과 술로 일차 이차 끝낸 우리는
학교 근처 주점 아래 노래방에 가
황성옛터 가시리와 황진이 시조
삼대목을 펼쳐보고 선곡했다네

한 시대를 휩쓸었던 노래 중 노래
향가 가요 시조 뽕짝 운동권 가사
이 모두를 아우르는 사랑의 지도
신라 고려 조선 대한 안목을 찾아.

* 『삼대목』은 신라 진성眞聖여왕의 명을 받은 대구大矩화상과 각간 위홍魏洪이 편찬한 신라시대의 향가집. 아쉽게도 지금은 전해지지 않지만 '삼대목'은 서울시 용산구 이태원의 '면옥집'과 일본 오사카 도톰바리 아케이드를 지나 식당의 '입간판'으로 서 있다.

나는 걷는다 고로 나는 존재한다.

네 발로 뛰던 때가 내겐 있었다
그 시절엔 디스크도 전혀 없었다
눈을 뜨면 보이던 나무 열매들
강물 속을 유영하던 물고기떼들

온몸 감싼 털복숭이 어루만지며
날이면 또 날마다 반복했던 건
비를 피해 나무 밑을 서성이면서
눈에 띄는 먹거리를 잡아채는 일

어느 날 허리 펴고 소리 다듬어
대뇌에서 빚어 낸 날랜 언어와
앞발로 손을 삼아 만든 도구로
걷고 또 걸었네 살아있음의 길!

중둔근을 곧게 펴고 앞을 보면서
두 팔을 균형잡아 휘저으면서
두 발을 뚜벅뚜벅 걸어가면서
존재를 걸음으로 환치하면서.

나는 쓴다 고로 나는 존재한다

붙들리고 잡혀있는 나의 일상을
훌훌 벗어 던지고 길 떠나 보라
망설이며 쭈뼛대던 이전의 나와
막 돌아온 이후의 나가 다른 것은

내 눈 귀에 스쳐간 저 두두물물들
내 코 혀에 닿아간 저 삼라만상들
내 몸각과 생각을 투과한 저들이
내게 던진 영상의 언어를 적을 때

기억이 남겨놓은 사건의 뼈대
기록이 전해주는 향기와 온기
큰 쇳덩이 갈아서 바늘 만들 듯
나는 쓴다 고로 나는 존재한다며
직립보행 루시*가 쓴 도저한 기록!

떠나기 전의 나와 돌아온 내가
무엇이 달라도 분명히 다르듯
분별이 있으므로 오염이 있듯
또렷한 기억 넘는 희미한 기록.

* 1974년 아프리카 에티오피아에서 발굴된 소녀의 이름. 320만 년 전 최초로 직립보행했던 뼈의 주인공인 그녀의 뇌는 자몽 한 알 크기 정도로 작았고, 골반과 다리뼈의 모습은 침팬지 등과 달리 두 다리로 서서 곧게 걸었음을 증명하고 있다. 이 뼈 화석의 발견으로 사람을 사람이게 한 첫 번 째 특징은 두뇌용량이 아니라 직립보행임이 명확히 밝혀졌다.

하늘을 열어젖히다

— 단군조선을 연 개천절에

하늘님의 아들의 아들인 그댄
선업 닦은 웅녀 할매 인내에 의해
신수神樹 아래 인간으로 환생하였지

사람들은 모두가 선하고 선해
고즈넉한 마음이 때묻을까봐
저어한 나머지 흰 옷을 입고

하늘이 제일로 눈이 부신 날
가을 여문 초사흘 길吉한 날 잡아
노래와 춤사위 끝 흰 자락으로
화알짝 열어젖힌 만주滿州의 하늘!

하늘님과 땅님이 처음 만나서
푸른 물 누런 흙 돌로 빚어낸
기운생동 포즈로 포효하는 범.

천지아리랑

— 백두산을 오르며*

백번 올라 두번 보아 백두산인가

만주 중국 서로 달라 차이나인가

백두 장백 각기 불러 나눠 놨지만

내가 만난 백두 천지 여전히 하나

아아리랑 아아리랑 아라아리요

아아리랑 고오개를 너머어간다.

* 백두산 천지는 화산활동에 의해 백두산 화구가 함몰된 후 융설수 · 우수 등이 고여 생긴 칼데라 호이다. 분화구의 전체면적 가운데 천지가 차지하는 비율은 40.6%에 이른다. 천지는 백두산의 최고봉인 장군봉(2,750m)을 비롯해 망천후(2,712m) · 백운봉(2,691m) · 청석봉(2,662m) 등 해발 고도 2500미터 이상의 열 여섯 개의 높은 봉우리에 둘러싸여 있다. 예로부터 대택 · 대지 · 달문지, 용왕담龍王潭이라고도 하였고, 99명의 선녀가 내려와 목욕을 하고 올라갔다는 전설이 있다. 높이가 560m에 이르는 절벽으로 된 화구벽이 호수를 둘러싸고 있다. 호수물은 화구벽이 터져서 생긴 북쪽의 달문을 통하여 흘러내려 비룡폭포(68m), 장백폭포(長白瀑布 : 70m)를 이루면서 송화강松花江의 상류인 만주의 '이도백하' 즉 '얼다오바이허二道白河'로 흘러간다. 수면 고도가 해발 2,257m이고 평균 수심이 213.3m이며 최대 수심 384m로 중국에서도 제일 깊은 호수이다. 둘레가 14.4Km에 달하며 천지의 평균 수온은 0.7℃에서 11℃이다. 11월에서 이듬해 5월까지는 천지가 얼어붙는 시기이다. 현재 북한의 동파와 남파로는 갈 수 없지만 중국의 북파와 서파로 오를 수 있다. 김일성과 모택동이 1963년에 체결한 조중변계조약으로 백두산 천지의 반 가까이를 중국에 넘겼으나 우리 민족의 무대인 만주와 우리 민족의 영산인 백두산은 반드시 되찾아야 할 것이다. 나는 2014년 8월 4일부터 8일까지 백두산문인협회와 함께 인천에서 배를 타고 백령도를 지나 압록강 하구의 단동항으로 가서 만주의 압록강단개, 환인, 집안, 이도백하, 광개토대왕비, 광개토대왕무덤, 장수왕릉(장군총), 백두산, 천지, 장백폭포 등 여러 유적과 유물들을 돌아보고 왔다.

만주아리랑
— 홍산문화

만리장성 너머의 만주일대에

오래 전에 피어났던 홍산문화* 꽃

용과 봉의 문양 이은 동이족 터전

그곳에서 숨 쉴 날은 언제일까나

아아리랑 아아리랑 아라아리요

아아리랑 고오개를 너머어간다.

* 홍산문화는 동이족이 일군 문화유산으로서 동북아시아의 기원지인 홍산지역에서 이루어진 '홍산문명' 혹은 '요하문명' 권역의 성취를 일컫는다. 홍산문명 또는 요하문명은 요녕성 홍산 우하량에서 기원전 3500년 경의 제단, 여신묘, 돌무덤(적석총) 등의 유적이 발굴되어 홍산지역에 고조선 이전의 동이족의 조상인 배달국이 존재하였음을 증명하고 있다.

한민족 아리랑

— 상투옥고*

시베리아 넘나들던 배달 환웅은

웅족 문명 호족 문명 모두 만났지

홍산 문명 주인공인 곰족인들은

하늘과 교통하며 삶을 일궜네

우주의 주재자인 상제上帝 만나려

조심스레 머리에 튼 상투문화 길

하느님이 내려오는 성스러운 길

하느님을 만나뵙는 영광스런 길

아아리랑 아아리랑 아라아리요

아아리랑 고오개를 너머어간다.

* 『삼국유사』 「기이」편 '고조선' 조목의 곰과 범은 신화나 토템이 아니라 홍산문명의 주체인 웅족문명과 그를 이어간 호족문명으로 밝혀졌다. 특히 웅족들은 우주의 주재자인 상제님(하느님)을 만나기 위해 머리 위에 상투를 틀고 '상투옥고'를 썼다.

정화수

— 한겨레 아리랑

어머니 젖샘 따라 올라 보았네

아버지 상투 속의 푸르른 연못.

우주명당

— 한반도 배꼽

하단전의 기를 모아 돌리고 돌려

중단전의 둥근 띠로 올리고 올려

상단전의 둥근 대로 높이고 높여

정수리의 살상투로 세우고 세워

좌청룡인 일본 열도 아메리카를

내청룡과 외청룡을 삼아 이끌며

우백호인 중국 유럽 아프리카를

내백호와 외백호로 삼아 이끌며

선정 들어 화두를 부여 잡았네

한반도는 언제쯤 통일될건가

한민족은 어디부터 하나될건가

이 화두를 만번쯤 되뇌어 보면

좌우 안팎 다 끊어진 진언될지니.

천하명당
— 한반도 아리랑

조선 팔도 명당에 숨어있는 절

그 기운 흘러들어 온몸에 배어

내 안팎을 찌릿 찌릿 각성시키는

인체의 혈자리에 심어놓은 침.

그리운 백두산

— 백두아리랑

하늘에 닿으려다 잠깐 멈춰 선
열 여섯 봉우리들 마냥 그리워
천지의 백산수를 길어 올려서
정화수로 장독대에 올려 놓았네

비나이다 비나이다 평평한 벌판
요동 요하 요서 난하 갈석산까지
긴 붓으로 그려나간 만주 강역도
비나이다 비나이다 우리 고향길

백두에서 흘러나간 저 아무르강
이제 가나 저제 가나 어느 때 가나
저 송하강 눈강 지나 흑룡강까지
강물 넘고 산맥 너머 언제갈까나

내 갈필로 그려나간 고향 일만리
소흥안령 대흥안령 내몽골까지
난 오늘도 타향 너머 고향 그리며
속으로 슬피 운다 그리운 백두산.

대조영의 독백

— 대발해大渤海 제국사

예부터 동북 삼성 만주 일대는
단군조선 후예들이 살아온 무대
내 혼은 말갈족의 것이 아니라
고구려 동명성제 이은 것이니

해모수와 해부루의 해解씨를 일러
하늘의 해 높다하여 고高씨라 했고
족내혼을 피하려고 고씨 나누어
대大씨로 개성改姓하여 인연 맺었네

내 그 옛날 영주營州에서 이끌고 나온
고구려 유민들과 속말 말갈인
그들은 모두들 나를 따라서
동모산東牟山 돈화敦化로 모여 들어와
구려句麗 이은 대발해의 인민됐으니!

측천무후 여황제의 당唐을 누르고
내가 세운 동아시아 대발해 제국
이 팩트는 부정할 수 없는 것이며
이 사실은 거부 못할 역사적 진실.

뿐
— 포정庖丁의 몰입

내 몸이 모르는 일을 나는 했네
난타의 박자처럼 춤추는 팔짓
이것은 기술을 넘어서는 것
내가 따르는 것은 다만 도道일 뿐

머리를 올릴 때 보이던 소는
삼년이 지나자 보이지 않았네
이제는 정신으로 소를 대할 뿐
내게는 뼈들 사이의 결만 보이네

내 감각은 모두 쉬고 팔만 저절로
하늘이 낸 결들 따라 춤사위 추며
나는 단지 결 사이에 칼을 대일 뿐
정신이 가는 대로 다만 움직일 뿐!

내 몸이 모르는 일을 나는 또 했네
난 문혜왕을 위해서 춤을 췄지만
그대는 내 움직임을 볼 수 없었을 뿐
내 몸의 일부 같지 않은 오른 팔.

* 포정해우庖丁解牛 : 푸줏간의 백정으로 일하던 포정이 문혜왕文惠王을 위해 소를 잡았다. 그런데 그 모습이 마치 음악에 맞춰 춤을 추는 것 같았다. 이를 본 문혜왕이 감탄하며 어떻게 그런 경지에 올랐는지 물었다. 포정이 무아지경의 상태에서 소를 잡는 것에 대해 해명하자 『장자』가 이러한 고사를 담았다.

만
— 오직 한 생각

헬 수 없는 생각들을 하나로 모아

오직 한 생각에 가두어 보았네

송곳처럼 튀어나오지 못하도록

꽁꽁꽁 동여매어 묶어 두었네

밥 먹을 땐 밥 먹는 일만 하였고

측간에선 근심 푸는 일만 하였고

길 걸을 땐 발길에만 마음 두었고

쉴 때는 쉬는 일에만 마음 줬더니

아, 오직 한 생각의 자유 누리며

대상에 붙들리지 않은 채 놓인 나.

님

우러러 보면은 님이 되고요

내려다 보면은 남이 되지요

있는대로 보면은 달인이 되고

불들리어 보면은 덜인*이 되죠.

* '덜인'은 사물의 본질을 다 보는 사람인 달인達人과 달리 '존재의 실상을 덜 보는 사람'을 나타내는 조어이다.

겨울산
— 부벽준斧劈皴

도끼날로 제 살점을 쪼개어낸 듯

군살을 모두 다 빼어 버리고

앙상한 겨울나무 몇 그루처럼

한겨울 사리로만 남은 겨울산.

* 동양화에서 준법劈皴은 산이나 흙더미로 입체감을 부여하는 동양적 음영법陰影法으로 피마준披麻皴과 부벽준斧劈皴이 있다. 삼의 껍질을 벗긴 것 같은 주름의 피마준과 달리 부벽준은 도끼로 쪼갠 면과 같은 주름으로 된 면적 성격이 강한 북종화의 준법으로 이사훈李思訓의 소준법小皴法과 이당李塘의 대준법大皴法이 있다.

가야伽耶

— 김유신

부다가야 잊지 못해 가야伽耶를 빌은

수로왕首露王의 먼 후손 가야계의 왕손

아, 가야로 꽃 피우지 못했지만은

신라 속에 우뚝 세운 김해金海 김金의 계보.

분황芬皇

— 원효元曉

연꽃 중의 연꽃 되려 한 것이 아냐

새벽 중의 새벽 되려 한 것도 아냐

세상에서 제일로 자유로운 삶

이곳에서 한바탕 살고자 했을 뿐.

해중릉海中陵
— 문무왕

지상에서 한 세상을 살아봤으니

바다 속이 어떤지를 알고 싶었네

왜구들이 어찌하여 건너 오는지

그들은 왜 금수강산 탐을 내는지.

마중물

— 진성여왕과 위홍 각간*

너를 불러올리는 한 바가지 물

나를 끌어 올리는 한 두레박 물

너는 나를 맞이하는 마중물 되고

나는 너와 어우러져 한우물 되네.

* 진성여왕과 위홍 각간은 조카와 숙부 사이이면서 군신 관계이자 공인받은 남편이었다. 진성여왕은 대구화상과 위홍 각간에게 신라의 상중하대 향가를 수집하여 『삼대목』을 편찬하게 명을 내렸다.

탄핵彈劾
— 궁예弓裔대왕에게

삶이 고단해 그러진 않았을텐데

스스로의 권위와 자존을 못 지켜

들풀들의 바람을 불러냈으니 아,

순간의 악수惡手가 전부가 된 오늘.

유폐幽閉

— 견훤甄萱대왕에게

내 비록 신라의 비장裨將이었지만

눈물 닦아 주려 나라를 세웠을 뿐

맏아들에 유폐되어 번민하면서

초심 지키려 고려에 귀부歸附했을 뿐.

풍류도風流道

— 최치원

나라의 현묘玄妙한 풍류도風流道 불러

불도유佛道儒의 원류源流를 잇고자 했을 뿐

선사仙史에 갖추어진 삼재三才* 세워서

우리가 살던 모습 찾고자 했을 뿐.

* 삼재는 천지인天地人 즉 환인桓因을 천, 환웅桓雄을 지, 환검桓儉을 인으로, 혹은 환인을 천, 환웅을 인, 환검을 지로 보는 고조선의 고유사상이다. 대개 환웅을 천, 웅녀를 지, 단군을 인으로 보는 삼재론적인 해명이 설득력이 있다.

벚꽃 사리

겨우내 풍찬노숙風餐露宿 이겨내면서

무쇠 씹는 마음으로 들었던 화두

맛이 없는 참맛을 음미하면서

거세게 몰아치던 내면 속의 힘

화두 그 끝자락의 벼랑 끝에서

천지간에 터트린 벚꽃 화엄경

그 끝에서 솟아오른 버찌 사리들

나는 오늘 벚꽃 터널 속을 걸으며

떨어지는 꽃잎 뒤의 선경禪經을 보네

꽃잎 너머 올라오는 새싹을 보네.

벚꽃 부처

내 맘 속에 빌려 온 벚꽃 화엄경

늘 눈 멀고 귀 멀고 코가 먼 나는

내 안의 빛의 부처 비로자나께

끊임없이 물었네 내가 누군지?

화두

그에게서 건네받은 노오란 풍선

자나 깨나 일념一念으로 불어 키웠네

일순간一瞬間 뻥 터지려는 봉오리 하나!

지구 태양 은하계 저 우주끝에서.

응

'응'이라는 대답이 정말 좋네요
쓸데없는 군더더기 다 떼어내고
온몸에서 저절로 우러나오는
보일 듯 말듯이 자아내는 말

밥 먹었니 물으면 다가오는 말
너무 춥지 물어도 스며오는 말
이 짧은 한 마디로 나를 녹이는
들릴 듯 말듯 한 '응'이라는 말

머리에서 발끝까지 자극하면서
내 귀 앞에 동두렷이 떠오르는 말
입안의 혀 위 아래를 공명시키며
온 나를 안돈하며 굴러오는 말!

'응'이라는 답변이 정말 좋네요
휘발되는 말들이 흘러넘치는
저자거리 언론거리 일깨워 주는
세한歲寒을 이겨내는 '응'이라는 말.

2부

고려, 하늘에 떠 있는 해와 같이
곱기가 하늘 같이 아름다워

차경借景

내 눈동자로 빌려온 벚꽃 한 송이

한 해 내내 눈부처로 모셔 보고파.

차성借聲

내 귀청으로 빌려온 두견새 소리

세세 생생 귀부처로 모셔 듣고파.

점두點頭

저자에 활짝 핀 꽃 한 송이가

머리를 끄덕이며 점을 찍는다

옳지 옳지 옳지 옳지 함께 웃으며

천지간에 손뼉치는 두두 물물들.

시차時差

높은 데서 낮은 데로 내려서 오는
울긋불긋 물이 드는 단풍행렬은

낮은 데서 높은 데로 올라서 가는
망울망울 치어 오는 봄꽃행렬은

방향은 같지만 행렬 달라서
어긋나고 또 어긋나 못 만나지만

우리들 마음 속의 그리운 갈꽃
우리들 가슴 속의 뜨거운 봄꽃.

물

평소에는 집 한 채를 먹여 살리고
배 한 채를 그득히 채워 주지만
불의를 만나면 바람을 불러
바닥에서 꿈틀대며 물결을 내지
순식간에 어깨를 동무하면서
집 한 채와 배 한 채를 먹어버리며
뿌리 째 뒤흔드는 도저한 지진
용암처럼 분출하는 뜨거운 불꽃
아, 바위를 잘라내는 칼 같은 그대
나와 너를 길러내는 피 같은 그대.

묘미
— 살 맛

그때 좀 더 마음 줄 걸 그랬어요

그때 보다 잘해 줄 걸 그랬어요

저 강물이 흐른 뒤의 길고 긴 탄식

아, 그때를 모르는 게 인생의 살 맛.

일연의 독백

—『삼국유사三國遺事』서시

역사는 흘러가는 물결 아니네
그렇다고 쏟아내는 말들도 아냐
더욱이 저 승자들의 기록 아니라
이 힘 없는 백성들의 기억들일 뿐

즈믄 해를 뛰어 넘어 남아 있는 건
구중궁궐 부귀영화 바이 아니네
날 진실을 알고 싶은 것이 아니라
다들 듣고 싶은 것만 듣는 것일 뿐

난 저들의 숨소리 또 기침소리
비통과 울음 또 피눈물까지
갈필로 대신해서 적은 것일 뿐
날 언어로 타지 않는 탑을 쌓았을 뿐!

살아있는 것은 글을 쓰는 것이듯
숨을 뱉고 들이쉬는 이 한 순간도
나는 쓴다 고로 나는 존재한다며
불타지 않는 탑을 쌓아 올렸네.

대추나무

어머니가 사다 주신 결혼 선물로
흰 화분에 담겨온 한 분 대추나무
아파트 베란다에 한동안 살다

다가구 옥상 위의 고무다라 안
그 안에서 눈 비 바람 흠뻑 맞다가
오랜 양옥 화단 속에 부려졌었네

어느 날 진순이 벼리와 함께
낡은 한옥 마당으로 옮겨졌다가
끝내 멈춘 연립주택 뒤란 채마밭

감나무와 나란히 이웃하면서
요양병원 침대 위에 모로 누운 채
발가락을 이불 밖에 살짝 드러낸 채.

조심操心
— 삶은 계란*

삶이란 무엇일까 생각하는데

아, 삶은 계란이요 외치는 장수

쌓아놓은 달걀 한 알 꺼내어 오듯

얼음판을 걸어가는 내 마음자락.

* 고 김수환(1922~2009) 추기경이 '삶'이란 주제로 강연을 하러 가면서 기차를 탔다. '삶이란 무엇일까'를 골똘히 생각하는데 마침 계란장수가 지나가며 '삶은 계란이요'하며 지나갔다. 그 순간 아, 삶은 계란이구나~ 라고 쉽게 생각하고 강의를 시작했단다.

살맛

세상에서 제일로 아름다운 건

아이들이 방글방글 웃는 소리들

세상에서 제일로 살맛나는 건

어린 것이 쑥쑥 크는 푸르른 모습!

인생

살아가는 것은 걸어가는 것이다

저기 멀리 가려면 다함께 가자

이걸 오래 하려면 재미가 있자

인생이란 깨어서 아는 것이다.

나의 길

— 이정표

하느님이 봉우리로 내려오듯이

차들이 이정표를 보며 가듯이

길 위에서 이뤄지는 내 전신투지

이 길만이 내 열어 갈 진실의 길.

벚꽃나무 아래서

네 안에서 들끓고 온 꽃봉오리가
천지 사방을 활짝 드리우고 있는 봄날
내 속에서 꿈틀대는 붉은 용암이
용솟음치는 사이 꽃잎 날리네

한 생이 가고 다시 또 한 생애가
봉오리로 솟아올라 붉게 터지듯
내 앎이 점화하는 이 뜨거운 순간
내 삶이 발화하는 이 황홀한 순간

아아, 놀라워라 내 안의 뜨거움이
사방을 뜨겁게 물들여 갈 때
나는 또 어디로 솟아나가고
너는 또 어디서 움트고 있나.

짝

— 배우자

지아비와 지어미인 가시버시가

자신들을 돌아보기 시작하면서

서로를 배워가며 배우자 되고

서로를 비워가며 홀짝이 되네.

뜸

— 숙성을 꿈꾸며

가령 밥을 지을 땐 맵살을 씻고
솥에 앉혀 물을 붓고 불을 붙여서
끓는 물로 생쌀을 절로 익혀도
때로는 설은 밥이 나오기 마련

더러 글을 쓸 때엔 머리를 비워
흘러나온 글귀들을 모아 적고선
끊고 갈고 쪼고 잘라 다듬고 나서
이리저리 공글리며 빚어보지만

선 밥을 씹는 듯한 거친 글맛은
여전히 입 안에 얼얼이 남네 아,
탈고란 늘 과정의 완성일 뿐이며
아, 뜸이란 마감일을 늦춰 가면서
빈 틈을 메꾸고 또 메꿔 가는 것!

이 사실을 안 뒤엔 늦었더라도
그 순간에 제일로 지혜로운 건
읊어보고 불러보고 뽑아보면서
다시 읽고 또 읽으며 기워가는 것.

느티나무

늘 티 없이 선 네게 다가가서는

네 순수한 그늘의 마력에 빠져

더 머물고 싶어하는 내 엉덩이와

곧 떠나야 한다고 갈등하는 발.

느티나무 2

— 어머니

등 돌려서 헤어져 안 보일 때까지

늘 티 없이 나무처럼 서 있는 그녀

요양 병원에 누워서도 밥 먹었냐고

마른 입을 오므리며 되묻는 그녀.

고향 생각

아버지 어머니 고향 살아요

들판에는 풀을 뜯는 누우런 황소

냇가에는 펄펄 뛰는 하얀 송사리

아버지 어머니 고향 살아요.

거량擧揚

— 언어 너머 혹은 언어 이전

그대가 담금질 해 던진 살인검

내 급소로 돌직구를 던졌지만은

난 그대를 살리는 활인검 들어

벼락치듯 분별 끊어 돌려 주었네.

음악

울긋불긋 물이 들은 잎새 하나가
오선지의 지상을 차고 오른 뒤
내 마음의 호수를 휘어 저으며
저 허공을 지휘하는 어느 가을녘

봄의 환희 여름의 격정을 넘어
늦가을의 낭만과 겨울의 적정
이 모두를 하나로 꿰어내는 그
나는 귀를 세우며 무젖어 든다

이성과 뭇 논리를 무너뜨리며
내 온몸을 해제하여 이완시키는
인간이 발견한 가장 강력한 언어
영혼이 영혼에게 전하는 언어!

모어조차 꽉 막히는 이 터널들을
확 뚫어낼 인간의 순수한 마음
번역이 필요하지 않은 생 언어
몸의 언어 말의 언어 영혼의 언어.

낙처落處

허공을 가르는 날랜 화살이
포물선을 그리며 떨어지는 곳
내 삶은 고해의 바다를 저어
머무르지 않는 곳을 향해 나간다

사람을 이어주는 말의 비수가
구비 구비 돌고 돌며 머무르는 곳
내 삶은 의미의 하늘을 뚫고
붙들리지 않는 곳을 향해 나간다.

매듭

삶 속에 죽음이 들어있다는 것

죽음은 삶 속의 한 매듭이라는 것

너희는 들어봤니 이 숨이 멈추면

다음 생의 매듭이 시작된다는 것.

눈부신 날

꽃보다 아름다운 초록 이파리
거리 가득 피어난 눈부신 날엔

꽃잎보다 싱그러운 초록 빛 물결
가슴 듬뿍 채우는 눈부신 날엔

보고픈 사람이 보고싶듯이
그리운 사람이 그리웁듯이

저 겨울의 옷자락을 벗어 버리고
저 추위의 휘장을 걷어 버리고

새 순을 틔우며 새 우주 열자
새 잎을 피우며 새 누리 열자.

점안點眼

법상에 올라가서 주장자 들고
허공에 한 점을 크게 찍으며
이것 봐라 이것 봐라 사자후 하며
익을 대로 익은 것을 토하는 선사

저 허공이 모두 다 없어질지라도
이 한 점은 정밀하고 진실하므로
미묘하고 밝아서 영 머무르면서
생사 넘어 법계를 환히 비추나니.

나를 찾아가는 열 편의 노래十牛圖

1. 소를 찾아나서다 尋牛

청운의 꿈을 안고 나를 찾으러

산을 넘고 강을 넘어 나아갔더니

남산은 남산이고 한강은 한강

개나리는 노랗고 진달래는 빨갛네.

2. 소의 발자국을 보다 見迹

나아가고 다시 또 나아가다가

풀잎 너머 어슴프레 눈에 띈 흔적

내 전생의 그림자가 이러할까나

깊은 마음 거친 의식 저러할까나.

>

3. 소를 보다 見牛

나를 보고 또 봐도 나는 없는데

나를 또 어디에서 찾으려하나

나의 이름 나의 모습 참나 아니니

이름 이전 모습 너머 보아야 하네.

4. 소를 얻다 得牛

보는 것을 넘어서 코를 잡아야

진실로 얻었다고 할 수 있듯이

내 흉금에 들어오지 아니하고선

진실로 얻었다고 할 수 없다네.

>

5. 소를 치다 牧牛

마음대로 부릴 수 있기 위해선

내 소에서 자유로워 져야만 하네

야성의 기운을 가다듬어서

본래의 참나로 돌아와야 해.

6. 소를 타고 집으로 돌아오다 騎牛歸家

길들인 흰 소에 올라타고서

고삐를 놓아버린 두 손으로

라라리리 라라리 피리 부르며

산을 나와 강을 건너 집으로 오네.

>

7. 소는 잊고 나만 남다 忘牛存人

소 등에 타고서도 소는 잊고서

피리도 소리도 모두 버렸네

소의 네 발 나의 두 발 잊어버리고

내 몸이 팔을 저어 지나쳐 올 뿐.

8. 나도 소도 모두 잊다 人牛俱忘

찾는 나와 찾았던 소 모두 잊고서

나와 너의 경계를 모두 지웠네

동두렷이 떠오른 둥근 바퀴가

내 집 향해 천천히 굴러서 올 뿐.

>

9. 본래자리로 되돌아오다 返本還源

복사꽃 살구꽃 밑 돌아와 보니

티 없이 뛰어노는 어린 아이들

참새는 지저귀고 나비는 훨훨

남산은 남산이고 한강은 한강.

10. 저자로 들어가 손을 드리우다 入塵垂手

내 안의 길든 소를 불러내어서

사람들과 더불어 나눠 먹었네

오늘은 저자에서 어깨 나란히

내일도 저자에서 손발 나란히.

*「十牛圖」는 선 수행의 단계를 소와 목동의 관계에 비유해 열 가지의 그림과 송으로 그린 것이다. 그 원형은 자세히 알 수 없지만 송나라 청거 호승清居 皓昇, 대백 보명大白 普明, 곽암 사원廓庵 師遠 세 사람의 것이 전해지고 있으며 이들은 각기 자신의 가풍에 따라 열 가지의 그림과 송을 붙이고 있다. 이 중에서 심우尋牛, 견적見跡, 견우牽牛, 득우得牛, 목우牧牛, 기우귀가騎牛歸家, 망우존인忘牛存人, 인우구망人牛俱忘, 반본환원返本還源, 입전수수入鄽垂手로 구성된 곽암廓庵의 것이 가장 널리 알려져 있다. 나는 내 안의 소를 길들여가는 과정을「심우도尋牛圖」즉「십우도」를 '나를 찾아가는 열 편의 노래'라고 이름 붙여 보았다.

마침내
— 대지

정상만 바라보며 산을 오르다

일순간 그 목표를 놓아버리자

마침내

다다른 저 정상 너머의 정상.

옴

— 침을 맞으며

내 몸이 거부하는 날랜 침들도
옴-하고 입술을 오므리면은
낙타가 바늘 구멍 들어가듯이
몸속으로 파고 들어 다가오나니

둥근 입술 긴 숨으로 열어나가는
내 몸 속 경락 안의 미세한 여명
횡경막 견갑골 속 어둠 너머로
그윽히 열리는 임맥과 독맥

이응과 중성 너머 미음 속으로
팽팽히 뚫고 오는 검은 실바늘
바늘 끝에 달려 있는 가늘은 실선
내 몸으로 들어오는 생기 한 모금!

옴 속으로 들어온 실침 주위서
백혈구와 더불어 치른 육박전
스러진 세포들의 주검들 너머
내 오장 육부 새로 스미는 환희.

3부

조선, 조족과 선족의 만남을
새롭게 이어가는

사랑의 지도
— 한글날에

호박꽃이 아이처럼 입을 벌리고

한글 자모 외는 노래 부르는 사이

사랑의 향기 찾는 벌 한 마리가

아이의 목젖 너머 성대 속으로 날아 들어가는.

정음

— 백성 장영실蔣英實*의 독백

내 손짓 내 발짓 내 몸짓으로
가까스로 전하는 게 너무 힘들어
소리를 글자로 적기로 했네
내 생각을 네게 바로 전해 알리려

한글을 만들 수밖에 없었던 것은
훈도와 훈육 대상 더는 아니던
백성들의 자의식이 향상된 때문
글로 가르칠 수밖에 없었기 때문

양반글인 한문만이 진서眞書였을 뿐
백성글인 한글은 참글 아니었네
언문諺文이라 불리던 때 있었지만은
언문 너머 국문國文 자리 오르기까진!

처음으로 들어와 본 문자생활권
처음으로 누려보는 문화생활권
우리들의 눈물 콧물 닦아가려고
세종 신미信眉* 손을 빌려 만든 소산물.

* 장영실(?~?)은 동래현의 관기官妓였던 어머니에게서 태어나 관청에 소속된 관노로 있다가 세종에 의해 발탁되어 조선시대 과학의 기반을 닦은 대표적인 과학자이다.
* 신미대사(信眉大師, 1403~1480)는 어릴 때부터 두뇌가 총명하여 하나를 배우면 열을 알았다. 그는 글을 잘 읽어 집현전 학사로 왕의 총애를 받았다. 하지만 그는 벼슬에 마음이 없고 불가佛家에 뜻이 있어 머리를 깎고 승려가 되어 자칭 신미信眉라 하였다. 세종에게 특명을 받은 그는 한글을 창제한 주역이 되었다.

한글

— 신미대사*의 독백

부딪히는 모든 일이 그러하듯이
일이 아닌 일들이 어디 있으랴
우리 글자 실마리를 마련하는 일
사람들을 사랑하는 일이었었네

몇 만 자의 한자에 훈습된 이들
문자 속이 기특한 이들을 넘어
백성들이 쓰는 말을 옮겨 적는 일
사투리를 소리나는 대로 적는 일

사람들이 배우고 익히기 쉬워
손쉽게 옮길 수 있게 하는 일
글자의 의미와 원리를 풀어
누구나 이해할 수 있게 하는 일.

세상에 없는 자모 창안하는 일
천지에 없는 정음 빚어내는 일
너와 내가 뜨겁게 더욱 뜨겁게
이 땅의 사람들을 사랑하는 일.

* 수암 신미(秀庵信眉, 1403~1480)는 세종 시절에 스승인 함허당 득통 기화(得通己和)의 소개로 임금을 만나 한글창제의 특명을 받고 세자(문종), 수양(세조)대군, 안평대군, 정의공주 등의 후원을 받아 집현전 학사가 되었으며, 돈암동 흥천사(신흥사), 가평 현등사, 보은 법주사 복천암, 내원당(정음청)에 머물며 스물 여덟 글자로 훈민정음을 만들었다. 그는 도가 높았으며 세조가 스승으로서 예우하여 혜각존자慧覺尊者라는 존호를 내렸다. 간경도감刊經都監에서 언해한 여러 경전은 모두 그가 관여하여 펴낸 것이다. 당시 문인으로 이름이 높았던 김수온金守溫이 그의 작은 동생이다.

뒷모습
— 청한 설잠*

천재와 의리라는 이름에 갇혀

칼날 위를 걸어가며 살았던 날들

불자 선자 유자 넘은 거사였지만

경계에서 피워낸 시인의 자화상.

* 매월당 김시습(1435~1493)은 5세 시절에 세종 앞에서 시를 지어 천재로 인정을 받았다. 단종시절에는 수양대군(훗날 세조)의 찬탈을 맞아 삼각산 중흥사에서 읽던 책을 불사르고 전국을 떠돌며 살았다. 겉은 유자처럼 보였지만 안은 불자로서 온삶을 살았고 생각을 남겼다. 특히 설잠은 불선유 삼교에 걸치는 많은 글들을 남겼지만 그는 비승비속의 삶을 살은 시인이었다.

독백

— 퇴계의 편지*

지인의 만류를 못 물리치고서
이리저리 떠밀리며 머뭇거리다

물러나야 할 때를 놓쳐 버리고
한 발 더 앞으로 나아가는 건

단 한 수의 헛 돌을 판 위에 두어
전판이 다 무너지는 바둑판처럼

삶의 길과 앎의 길을 덮어 버리며
치욕의 감옥으로 들어가는 것.

* 말년의 퇴계 이황(1501~1570)이 은퇴를 서둘자 그의 출중한 능력과 인격을 흠모하던 한 지인이 퇴직을 만류하는 편지를 보냈다. 이에 퇴계는 편지 속에서 "단 한 수의 헛 돌을 판 위에 두면 전판이 다 무너지는 법一手虛著, 全局皆敗"이라고 적어 보냈다.

눈부처
— 너의 거울 속으로 걸어가다

내 그대와 함께 생을 살아가면서

한 번도 눈 속을 보지 못한 채

눈 주위만 바라보며 흘려보냈던

헬 수 없고 셀 수 없는 시간의 강물

내 오늘 처음으로 그대를 보며

눈동자 속 부처를 보는 순간에

너와 내가 사라지는 그 지점에서

동두렷이 떠오르는 우리의 모습.

눈부처 2

— 나의 거울 속으로 걸어가다

우리가 서로를 비우는 순간

서로가 모두를 지우는 찰나

네 눈 안에 솟아오는 나의 눈부처

내 눈 안에 솟아오는 너의 눈부처.

나와 너의 경계가 무너지면서

너와 나의 경계가 스러지면서

내 눈 속에 떠오르는 너의 눈부처

네 눈 속에 떠오르는 나의 눈부처.

그리다

— 중생심은 진여심

종이에 그리면 그림이 되고

마음에 그리면 그리움 되네

나에게 그리면 나 깨어나고

허공에 그리면 허공이 될까.

건달
— 음악신

혼의 실을 뽑아내어

노래하는 건달은 어디.

공양하세요
— 밥값

이 공양을 받으려면

오늘도 밥값을 해야.

젓가락

— 불이론不二論을 빌어

나와 너의 거리는 전혀 없지만
너와 내가 하나는 분명 아니네
내가 있어 시방 너는 거기에 있고
네가 있어 시방 나는 여기에 있지

갈대단이 서로 기대 함께 서듯이
너와 나는 본디 둘이 아니라지만
하나를 고집하지 아니하는 건
서로가 실체가 아니기 때문

둘이지는 않지만 하난 아니고
하나이진 않지만 둘이 아니듯
너와 나를 모두 지워 우리가 될 때
비로소 나와 너는 의지처 되지.

그리움

옆에 있을 땐 몰랐네

이 허전한 내 앞가슴.

김치

— 훈습론熏習論의 역설을 빌어

그대가 없는 나날은
생각해 본 적이 없다
그 옛날 동채가 딤채가 되어
김치가 된 오늘에 이르기까지

그대가 없는 나날은
상상해 본 적이 없다
한겨울 이겨낼 김장이 되어
묵은 지가 된 봄날에 이르기까지

더러는 긴 장마로
배추가 금추 되어
한동안 부추를
먹는 한이 있더라도

그대가 없는 나날은
꿈꾸어 본 적이 없다
내 뼈와 살과 피와 맘 속에
꼭꼭 배어 들어있는 그대.

쌈

— 삶의 연주

사는 것이 외롭고 쓸쓸할 때엔
손바닥을 활짝 펴고 찬찬히 보라
다섯 길로 뻗어가는 나뭇잎 같은

그 위에 곰취 같은 또 상치 같은
김과 달리 새파아란 호박잎 같은
풀잎들을 올려놓고 연주해 보라

삼겹살과 소주가 없을지라도
맨 밥에 고추장과 된장만으로
넉넉한 가슴을 활짝 펴 놓고
온 자식들 안아주는 어머니의 쌈!

내 입이 찢어질듯 밀어넣어도
탈 없이 소화되어 잘 내려가는
외로움과 쓸쓸함의 출구와 같은.

흙의 사리 1

— 고령토

온 세상에 흙들은 널려 있지만
아무데나 앉지 않는 고고한 그대

가장 흔한 지상의 바탕 재료로
제일 귀한 그릇으로 만들어져서

역사와 민족의 경계를 너머
동과 서를 오가며 이어준 고리!

첨단의 우주선 캡슐이 되어
저 우주로 소풍가는 미래의 기제.

흙의 사리 2

— 도자기

깊고 깊은
산속의 명당 속에서
웅크리고 가부좌 튼 지난 몇 백년

눈 밝은
도공의 눈에 띄어서
물레 위 맨살로 데쳐지다가

천 삼 백 도
가마의 열기 속에서
태울 것 다 태우고 오롯이 남은

고령토의
정골사리 조선 막사발
자기와의 싸움에서 이기고 나온.

공짜론論

청춘들아 한 생각 돌이켜 보아

햇님에게 세금도 내지 않고서

달님에게 세금도 내지 않고서

우리는 늘 공짜로 살아가잖니.

개안開眼

모두들 이 얘기를 들어 보셨나
벽쪽에 늘려 세운 책장들 안에
주변의 누운 책들 꽂아 보면은
좁아 보인 방안이 넓어 보이듯

쇠망치로 금화金貨 하날 얇게 두드려
한 평 반의 금 벽지로 늘려 펴서는
일본 교토 금각사金閣寺의 벽면을 붙인
금은 세공 이야기를 들어 보셨나

전 국토의 칠할이 산악으로 된
한반도를 강판처럼 눌려 펴보면
좁아 보인 한반도가 확장되어서
산악 적은 중국보다 넓다는 얘기!

모두들 고정관념 지워 버리고
머리속을 깨끗이 비워 버리면
눈앞이 새롭게 보이는 것을
눈에서 비늘이 떨어지게 되면.

당신의 '가장'

세상에서 가장 맛있는 음식은
자기의 어머니가 만든 것이듯

세상에서 가장 깨끗한 음식은
만드는 것을 보지 않은 것이듯

당신의 '가장'은 분별 이전과
경계를 뛰어 넘은 순간에 있지

인디언의 기도 끝에 비오는 것은
비 올 때까지 기도하기 때문이듯.

길을 그리다

— 고산자 김정호*

진실로 내가 길을 떠나려 한 건
이 땅의 산 이 땅의 강 이 땅의 하늘
우리의 들 우리의 골 우리 이야기
우리의 길 그리고자 함이었나니

내 일찍이 들어보지 못한 저 산하
내 일찍이 걸어보지 못한 이 대지
사람들의 실생활에 도움주고자
난 한 몸을 길 위에 던지려 했네

우리나라 전체를 한 눈에 보는
우리나라 땅모양을 한 손에 쥐는
아, 길이란 길은 함께 열어가야만
살아있는 길 되지 참 나의 길 되지

내 두 발로 뚜벅뚜벅 걸어가 보고
내 두 손을 활짝 펴 짚어서 보는
나를 넘고 너를 넘는 우리의 큰 길
너를 넘고 나를 넘는 모두의 큰 길.

* 고산자 김정호(古山子 金正浩, 1804?~ 1866)는 조선후기의 대표적 지리학자이자 지도 제작자이다. 황해도 토산의 한미한 집에서 태어난 그는 어릴 때부터 지도와 지지에 관심을 두었다. 그는 전국의 산하를 답사하면서 비변사와 규장각이 펴낸 기존 지도의 오류와 한계를 극복하고자 평생 동안 「동여지지」, 「청구도」, 「여도비지」, 「동여도」, 「대동여지도」, 「대동지지」 등 3대 지도와 3대 지지를 편찬하였다.

천장암 가는 길

하늘에 몸을 감춘 천장암이여

그대는 경허 일인 못감췄고녀

하늘 위로 뚫고 나온 노고추여

그대 이름은 텅빈 거울이어라.

원효와 경허

원효 뒤에 경허가 뒤따라오니

원효가 경허되고 경허가 원효되네

어제의 원효가 오늘의 경허되고

오늘의 경허가 내일의 원효될까.

득음得音

신명의 소리를 얻기 위해
내 눈을 멀게 한 애비

온 몸을 얻기 위해
온 맘을 멀게 한 그녀

소리 없는 소릴 얻기 위해
오근五根을 숨죽인 나는

이근耳根만을 열어둔 채
온몸을 닫고 있다.

촉매觸媒

젖 달라고 새끼가 울면
찌르르 떨리는 젖꼭지에서
흰 젖이 흐른다는 팽귄처럼

푸나무들이 목말라 시들면
하늘도 문득 천둥 치며
장대비를 내리는 장마철

눈에 익은 사물들이
별안간 시선을 바꾸어
낯선 소리와 몸짓으로

내 고막과 망막에
쟁쟁쟁 춤추며 다가오니
내 노래의 귀명창은 어디 있는가.

사랑

몽골 어미 족제비가 쥐를 잡아와

보금자리 굴 속 새끼 배를 채운 뒤

다시 허허벌판으로 사냥을 나가

갓 잡은 것으로 빈 배를 채우는.

탐매探梅 2

— 홍매紅梅를 찾아나서다

당 태종의 끝 여식인 문성文成공주가
송첸캄포松贊干布* 티벳 황께 시집가면서
족두리에 뽕씨 누에 감춰서 갔단
현장의『대당서역기』구절 읽다가

비단 길 떠올리다 매화 길 생각
동학들과 입춘 우수 날을 꼽다가
경칩 지나 가까스로 날을 잡아서
섬진강 가 구례구로 길을 떠났네

허나 아직 매화는 피지 않았고
매화 대신 동백꽃이 만발하여서
실크 로드 버금가는 동백 로드가
우리를 맞이하는 삼월 열흘 날!

매화를 보기 위해 며칠 머물며
아침 저녁 정좌하며 궁리했더니
때마침 휘날리던 눈발 끝으로
붉은 기운 밀어낸 매화 한 송이.

* 송첸캄포(581~649)는 티베트 즉 토번국의 33대왕으로서 주변 왕국을 정복하여 최초로 토번을 통일한 첫 황제였다. 제1황비인 '브리쿠티 데비'와 함께 제2황비인 '문성공주'(623~680)는 티베트에 불교와 누에를 전했다.

국화를 보며

하고 많은 날 두고 늦은 가을에
비바람 무릅쓰고 늦게 핀 것은
넘어지지 않기 위해 그리한 건가

하고 많은 곳 두고 넓은 들판에
저렇게 의연히 피어난 것은
흔들리지 않기 위해 그리한 건가

내 일상을 분연히 떨치고 나가
삽작 너머 바깥을 바라다보면
성긴 울 너머 선 야생의 국화
외롭게 선연히 피어있는 꽃!

일찍이 자랐어도 꺾이지 않고
비바람 이겨내고 견뎌내면서
서리를 무릅쓰고 꽃을 피우며
사람의 향기를 일깨워 주는.

4부

대한, 커다란 하나
더욱더 커다란 하나로 나아가는

덕혜옹주*

— 김장한의 화답

다 잊는 게 진정한 사랑이라면
잘 잊히지 않겠지만 잊으렵니다
그것이 가슴속에 살아있다면
언젠가 다시 불러 낼 수 있으니

한 맺힌 세월의 실 타래를 풀어
아름답고 고운 의복 꼭 지으소서*
따뜻하고 포근히 감싸줄 피륙
다 짓고 남는 실이 있다면 그땐

저를 위해 수수한 저고리 한 벌
꼭 지어 주소서 전 그걸로 족하니
제 마지막 소망은 오로지 이 생에서
자유롭게 노닐고 싶었을 뿐이어요

꿈길 같은 꽃길 꽃길 같은 꿈길이
제가 꿈꾸어온 영원한 자유의 길
저는 이제 그곳으로 떠나려 하니
안녕히 계세요, 꽃 같은 그대.

* 덕혜옹주(德惠翁主, 1912~1989)는 대한제국의 고종 황제와 양귀인楊貴人사이에서 태어난 대한의 마지막 황녀이다. 덕혜라는 이름을 받기 이전에 '복녕당 아기씨'로 불리다 망국의 옹주가 된 그는 대마도 백작소 다케유키宗武志와 강제 정략결혼을 당하여 일본에서 비극적인 삶을 살았다. 이후 남편의 재혼과 외동딸의 자살 그리고 정신병동에서 오랜 감금생활을 하다가 죽기 직전 꿈속에서 그리던 대한민국으로 돌아와 1962년에 '이덕혜李德惠'라는 이름으로 국적을 취득한 뒤 고국에서 삶을 마감했다. 고종의 시종 김황진의 조카였던 김장한은 고종에 의해 부마인 옹주의 배필로 정해졌으나 일제의 방해로 성사되지 못했다. 그 뒤 백부로부터 '그림자처럼 살라'는 뜻의 '박무영朴無影'으로 이름을 고치고 일본에 건너와 살면서 옹주를 대한으로 귀국시키기 위해 평생을 헌신했다.

* 작가 권비영의 소설『덕혜옹주』에서.

삶의 맛

외롭고 쓸쓸할 땐 요리해 보라
낙엽같은 채소잎을 다듬어내어
뿌리같은 구근식물 씻어내어서
큰 양푼에 비빈 밥을 떠먹어 보라

음식이란 칼맛 불맛 그릇맛이나
결국은 손맛으로 귀결되듯이
정성을 기울이고 또 기울여야
배어들고 가다듬어 깊은 맛 나지

삶이란 가차 없이 결단하는 것
칼질과 불질 넘는 경계 위에서
삶의 맛 음식 맛이 피어 오르듯
온몸으로 전율이 번져오는 것

인체란 바이러스 균과의 싸움
과로와 피로와 스트레스 너머
맡은 일을 조금씩 줄여야 살지.
그것이 안 되면 풀며 살 수밖에.

영매의 가락

— 미당 서정주*

하늘과 땅의 정기 뽑아 내어서

뼈속까지 데워서 토해낸 소리

육자배기 가락으로 휘어감아 온

매의 눈을 지닌 능글맞은 큰 무당.

* 미당未堂 서정주徐廷柱(1915~2000)는 한국의 혼과 백을 체화하여 전통의 가락으로 발효시켜낸 시인이었다. 그는 한국시인 중 가장 많은 애송시를 남겼다. 『화사집』과 『귀촉도』로부터 『국화옆에서』와 『동천』, 『질마재신화』와 『떠돌이의 시』 등에 이르기까지 그의 가락은 한국인의 노래가 되어 있다.

오페라 심청

— 윤이상*

아버지의 어둔 눈을 활짝 틔우듯

내 손을 빌어 다시 태어난 그녀

난 분단의 벽을 넘는 오페라로서

잇고자 했네 저 끊어진 마음의 눈.

* 윤이상(尹伊桑, 1917~1995)은 경남 산청에서 태어나 통영에서 성장한 뒤 14세부터 독학으로 작곡을 시작하였다. 그는 일본 유학을 마치고 음악교사로 근무한 뒤 다시 프랑스 유학과 독일 유학을 하였다. 이후 그는 베를린에 정착하여 음악활동을 하면서 유럽의 평론가들에 의해 '20세기의 중요한 작곡가 56인', '유럽에 현존하는 5대 작곡가'로서 선정되기도 했다. 1995년에 그는 독일 자아브뤼겐 방송이 선정한 '20세기 100년간을 통틀어 가장 중요한 작곡가 30인'의 한 사람으로 선정되기도 했다. 1972년 뮌헨올림픽 문화행사의 일환으로 위촉받은 오페라 '심청'은 그에게 세계적인 작곡가라는 명성을 안겨주었다.

동심童心

— 대향 이중섭*

온 힘 다해 싸우는 두 마리 소들

죽을 힘을 다해 역경 헤쳐 나가네

담뱃갑 은박지에 물감 풀어 그려낸

벌거벗은 우리들의 선한 자화상.

* 대향大鄕 이중섭(李仲燮, 1916~1956)은 순결한 동심으로 시대의 아픔을 붓으로 그려낸 국민화가이다. 그가 그려낸 수많은 그림 속의 일련의 소 그림은 일제강점, 미군정 통치, 6 · 25 동난 등을 거치며 시대의 혼란에 직면해 고뇌했던 우리 국민들의 순수한 동심과 죽을 힘을 다해 역경을 이겨나가는 의지를 담아내고 있다.

비무장지대

경계 없이 사는 삶이 어디 있으랴
너와 내가 부모 택해 태어난 것은
수정되고 착상되어 원시선 너머
물속에서 헤엄쳤던 지난 십 개월
이 시공의 막과 틈이 있었기 때문

경계 없이 피는 꽃이 어디 있으랴
무궁화 꽃 한 송이가 피기 위해선
숫벌이 암술 찾아 길을 나서서
수정 위해 땀 흘렸던 몇 날 며칠 밤
이 전후의 과정이 있었기 때문

경계 없이 지는 죽음 어디 있으랴
잘 살아야 잘 죽을 수 있는 것처럼
잘 죽어야 잘 살을 수 있는 것처럼
업과 보의 이 매듭이 나를 이어준
이 인과의 과정이 있었기 때문

경계 없는 죽음 이후 어디 있으랴
허나 내가 가진 이념 내려놓아야
들짐승과 날짐승이 서로 노닐듯
그대와 나 사이의 문턱 넘어서
무장이 해제된 침실이 되지.

스마트폰

— 내 청춘의 목소리를 빌어

그대는 나의 통로 나의 부처님
낙타가 바늘귀를 지나가듯이
내 청춘이 흔들리는 이 난세에도
갖가지 수험정보 취업정보로
내 숨통을 열어주는 감실 본존불

내 하루를 열고 닫는 작은 그대는
내 청춘의 시발역 혹은 종착역
집 밥을 먹다가도 열어볼 때면
불경을 보다가도 친견할 때면
내 마음을 편하게 해주는 그대

그대의 배터리가 소멸되면은
내 청춘은 숨이 꼴깍 넘어갈 것처럼
맨 나는 초조하게 흔들릴 테니
그대 없는 날들을 생각할 수 없네
내 청춘의 리포트 나의 부처님.

대오서점

— 서촌西村의 명소

전쟁 통에 스물 셋의 새 신랑과 저
열 아홉의 새 신부가 차린 헌 책방
네모난 안마당을 중심축으로
가게 한 칸 부엌 한 칸 살림집 세 칸

오밀조밀 어깨들 맞대고 서서
형제처럼 우애를 주고 받는 곳
툇마루와 시렁에서 안쪽 살림집
빼곡하게 가득한 그 옛날 책 서가

골목 너머 옛 풍경은 그대로인데
옛 추억은 헌책처럼 쌓여만 가네
가업 잇기 위해 열은 찻집 카페엔
주말마다 찾아오는 디카족들이
사진 찍고 드라마만 찍고 가지만

안방 아랫목에서 손때가 탄 채
시집올 때 시모가 짜 준 오동나무장
외롭지만 착하디 착한 저 신도들이
헌 책 사러 찾아오는 정신의 사원.

집밥
— 엄마의 밥상

버젓한 학력은 없었지만은
가장이 일찍 떠나 없는 살림에
별식으로 마련한 계란말이와
된장 엷게 풀어 쑨 미음 한 그릇

생파를 골라내는 중학생 딸에게
파를 먹어야 머리가 좋아진다며
두고 봐라 이 된장이 몸속 병균을
다 녹여서 낼 아침엔 거뜬 할테니

반찬 투정 국물 투정 밥 투정에도
국 삼아 장 삼아 먹으라시며
손바닥을 토닥이며 다가왔을 때
내 몸체에 전해진 엄마의 온기!

엄마가 해 준 집밥 받아 보면은
용하게도 꿀떡꿀떡 잘 넘어가고
힘이 쑥쑥 나곤 했지 그리운 밥상
사랑 소망 눈물샘이 잘 버무려진.

친절
— 달라이 라마의 종교

절 중에서 제일로 가까운 절은

내 안에서 우러나온 진심의 사원.

온도

— 엄마의 온기

감기 잦은 아들만 생각하면은
부실하게 먹인 것을 자책하면서
고깃고깃 부어넣던 곗돈 타던 날
비싸다던 지리산 토종꿀을 사

꿀을 듬뿍 버무린 저민 생강을
아침 저녁 달이고 또 달여 내어서
아들에게 먹이고 또 먹여 봤더니
몰라보게 건강해진 외동 아들애

결혼해도 토통 살이 붙지 않으니
전전긍긍 마음 앓던 칠순 노인네
아들이 좋아하는 밑반찬 들고
기별 없이 상경하자 놀란 며느리.

모과론

— 박승미 시인*에게

생긴 것은 누구보다 개성적이고
향기로는 무엇보다 앞서는 그대
맛으로는 어느 것도 미치지 못할
은은하고 그윽한 깊이의 내면

울퉁불퉁 짱구처럼 멋대로 생겨
가까이 다가가긴 마냥 쉽지만
엎어지고 자빠지는 일상에서도
자기와의 싸움을 늘 이겨내었지

큰 칼에 잘린 채 큰 병 속에서
꿀물에 재워져 정좌靜坐하면서도
벼려온 제 살림살이 사고방식을
더욱더 숙성 발효시켜내면서

문자향과 서권기를 뿜는 책처럼
그윽하고 아득하게 스며드는 그
거친 피부 투박한 외모 속에서
맑은 향기 배어나는 고즈넉한 삶.

* 박승미(1942~2014) 시인은 신분증명서ID가 '모과mogoa'다. 그는 일련의 '모과' 연작을 통하여 '모과 시인'으로 통했고 그의 아호도 '모과'가 되었다. 시인은 지상에 남겨놓은 다섯 권의 '사랑법'인 그의 시집들 속에서 사물과 일상을 뒤섞어 시의 재미를 더하고 삶의 정신을 더했다.

대면對面, 미소 사리

— 경주 마하보디선원장 냐냐로까慧照*스님 입적에 붙여

경주시 내남면 박달리에서
덮지 않은 관 속의 홍가사 속에
누워 있는 한 비구의 장엄한 입멸
우리는 보았네 최초의 주검

갑오년 새해의 첫 법회에서
절망과의 대면에서 앞으로 나갈
광명의 발견을 강조한 그는
죽음을 정면으로 대면하면서

저 극한의 고통을 벗어버리고
관 속에 남겨둔 육신 밖으로
은은히 밀어 올린 평온의 미소
자신과의 대면으로 피워낸 사리!

내 들숨의 일어남과 사라짐 사이
그 위에서 솟아났다 꺼졌다 하는
우리들의 슬픔 너머 기쁨과 경이
한겨울에 활짝 핀 동백 한 송이.

* 냐냐로까(이호종, 慧照, 1949.5.10~2014.1.20). 스님은 고려대 재료공학과와 단국대 대학원 도예학과에서 재료와 도예를 만나 도예가로서 미의 본질을 추구하다가 예술의 허구성을 발견하고 불교를 만나 수행하였다. 이후 미얀마의 수도 양곤 외곽에 있는 빤디따라마센터의 우 판디따 사야도와 따따마란디센터의 우 쿤달라 사야도 문하에서 출가하여 정진한 뒤 경주시 내남면 박달 2리에 마하보디선원을 개원하고 (사)한국테라와다불교 교단의 정착에 정열을 바쳤다. 한국테라와다불교 교단의 운영위원장으로서 초기불교 수행의 대중화를 위해 담마스쿨을 개최하였고, 마하보디선원에서는 매월 정기법회와 초보수행 및 집중수행 프로그램과 청소년명상캠프 등을 운영하다가 2014년 1월 20일에 법랍 21세, 세수 66세로 입적하였다.

대구
— 겨울바다의 황제

크고 깊은 입
부리부리한 눈
호랑이 얼룩무늬의
갑옷을 입었다

모든 것이 더 없이 어울리는
위풍당당한 몸체 감히
황제라 칭해도 부족한 구석을 찾을 수 없는
위엄이 대단한 겨울바다의 주인이다

가끔은 스펀지를 씹는 것처럼
퍼석거리는 맛을 주기도 하지만
싱싱한 제철 대구로 끓여낸 맑은 한 그릇
담백하면서도 감칠맛 나는 국물
부드럽지만 탄력있는 육질로
내 취한 내장을 풀어주는 맑은 대구탕!

반 건조된 몸통은 죽죽 찢겨 먹히고
뼈는 푹 고아져 육수로 만들어지고
대가리는 뽈짐으로 조리되어
버릴 것이 하나도 없는.

라면
— 국민식품

내가 너라면 이렇게 했겠지
네가 나라면 어떻게 했을까

하루종일 일하다 집에 들어왔는데
밥솥에 밥이 없거나
밥맛이 땡기지 않을 때
머리속에 제일 먼저 떠오르는 것

일, 일반시민 여러분
이, 이것을 보십시오
삼, 삼양라면입니다
사, 사용 하십시오
오, 오분 동안 끓여서
육, 육 그램의 스프를 넣고
칠, 칠칠하게 끓이지 말고
팔, 팔팔하게 끓여서
구, 구수하게 잡수십시오
십, 십원짜리 동전 두 개면 됩니다

내가 너라면 라면을 끓였을까
네가 나라면 밥을 지었을까.

단골

— 뉴욕의 이스트할렘 모퉁이의 라오스 이탈리아 식당*에서

구두 뒤축이 한쪽으로 닳아 쏠리듯
늘 월요일이면 찾아가는 그 집
기껏해야 좌석 마흔 개의 소박한 식당이지만
전 세계에서 최고로 인기가 있는 그곳은

특정한 날에 특정한 테이블을 차지할 수 있는 곳
단골손님에게 우선권이 있어
예약전화를 걸면 이미 사십 오년 치의 예약이 꽉 찼다는
자동응답이 나오는 곳

아무리 못해도 일주일에 한 번은 찾아가야
단골 자격이 생기는 곳
라오스의 월요일 테이블에 앉아
인생에서 무엇이 중요한 것인지를 아는 단골들이
자부심과 성취감을 느끼는 밥 한 끼를 대접받는 곳!

내가 가진 것 중 가장 유일하게 가치 있는 것은
라오스의 월요일 테이블에 앉아
내 시의 단골들을 만나는 일
내 시의 단골들의 마음을 사는 일.

* 미국에서 가장 유명한 스포츠 기자였던 딕 샤프의 소개로 널리 알려진 식당.

긴 줄

— 군산 이성당 백년(1910; 1945~)*의 빵집에서

추억은 멈춰있는 시간 아니네
그렇다고 흘러가는 시간도 아냐
멈추지도 흐르지도 못하는 틈새
그 사이에 우리들이 서 있는 것뿐

얇은 두께 속이 꽉 찬 국민 단팥빵
야채의 식감 살려 구운 야채빵
사람들은 단팥빵에 꽂힌 게 아냐
그렇다고 야채빵에 꽂힌 게 아냐

빠르고 편한 것에 익은 이들이
불편함을 즐기며 부여한 이름
허구적 상상으로 떼 짓는 이들이
빵맛에서 찾으려는 예전의 느낌!

그들이 생각했던 이야기처럼
그때의 모습대로 멈춰선 빵집
무슨 줄인 것도 알지 못하고 있는
끝도 없이 늘어선 추억의 긴 줄.

* 군산 중앙로 1가에 있는 이성당(李盛堂, 이씨가 세상에 차려 놓은 빵집)은 본디 일본인 히로세 야스타로廣瀨安太郎가 개업한 이즈모야出雲屋 제과점을 인수해 개업한 100년의 역사를 지니고 있다. 히로세는 아들을 군대에 보내고 싶지 않아 본래의 성인 '엔조'를 '히로세'로 바꾸고 1906년에 군산으로 이주했다. 그는 일찍이 일본의 시마네현島根縣 마쓰에시松江市와 이즈모시出雲市에 거주하면서 당시 그 지역의 제분, 면, 찹쌀 과자 등으로 만드는 전통 화과자의 오랜 역사 기술을 배운 적이 있었다. 히로세는 조선(대한)에 온 뒤에 자신의 거주지였던 이즈모시의 지명을 따라 이즈모야를 개업하였다. 초기에 그는 찹쌀 과자로 찹쌀을 절구에 빻거나 잘게 썰어 곱게 만든 뒤 약한 불에 데치거나 기름에 튀긴 과자 아라레あられ를 만들어 동그란 캔에 담아 판매하여 당시 군산 시내 일본인 사이에서 이즈모야의 아라레의 인기를 드높였다. 히로세는 점차 가지수를 늘려 모찌, 화과자 등의 다양한 일본식 과자를 판매하였다. 점차 사업이 커지자 그의 첫째 아들 히로세 겐이치廣瀨健一는 동경으로 돌아가 제과기술을 배워온 뒤 조선에서 처음으로 단팥빵을 판매하기 시작했다. 이 유명세를 탄 이즈모야는 1920년에 현재의 중앙로 1가로 이전 확장을 하여 크게 성장하였다. 히로세 1세의 대를 이은 아들들이 제과 제빵 재료를 일본에서 대량으로 들여오면서 이즈모야는 음식 재료상의 역할까지 담당하며 더욱 크게 성장하였다. 1930년대 최고의 전성기를 맞이한 뒤 1940년대에는 재료상이 커지자 둘째 아들은 군산의 다른 지역에 분점을 냈다. 하지만 일본의 패망과 함께 한국의 해방이 이뤄지자 첫째 아들 켄이치가 혼자 남아서라도 사업을 계속하겠다며 고집해 보았지만 결국 이들은 이즈모야를 남겨둔 채 일본으로 돌아가고 말았다.

이성당의 초대 사업주인 이석우는 남원 출신이었다. 그는 대일항쟁기에 생활고를 이기지 못해 가족들과 일본으로 건너가 홋카이도 광산에서 일자리를 잡고 경제적으로 안정을 찾아 평범한 삶을 살고 있었다. 한국이 해방되자 히로세 가족이 군산을 떠나 일본으로 돌아간 것처럼 이석우 가족 또한 일자리를 잃고 한국으로 돌아와야만 했다. 그의 가족은 고향인 남원으로 가지 않고 군산의 임시 천막수용소에 머물렀지만 일자리가 없어 다시 어려운 생활고에 처하게 되었다. 오랜 고민 끝에 이석우는 자기의 동창 아버지이자 당시 군산에서 잘 나가던 '대동사이다' 사장을 만나러 가서 현재의 어려운 사정과 앞으로의 사업계획을 이야기 한 뒤에 자신을 믿고 자금을 빌려 달라고 부탁하였다. 그의 배포를 좋게 본 사장이 이석우에게 흔쾌히 돈을 빌려주었고 그는 그 돈으로 조그마한 하꼬방을 빌리고 밀가루와 설탕을 사서 과자 장사를 시작하였다. 이석우가 만든 과자는 입소문을 타고 인기를 얻었고 가족의 생활은 점점 나아져 갔다. 때마침 이석우는 이즈모야가 적산가옥으로 등록되었다는 소식을 듣고 본인 재산에 은행 대출을 더해 가옥의 절반을 불하받아 이즈모야를 인수하였다. 그리고 '이

씨가 세상에 차려 놓은 빵집'의 뜻을 지닌 이성당李盛堂을 개업하였다. 처음에는 생과자와 전병, 사탕을 주로 팔았으나 이내 일본인 제과업자로부터 기술을 배운 기술자들을 들여 단팥빵, 케이크, 크림빵까지 팔기 시작하면서 이즈모야의 명성을 잇는 제과점으로 자리를 잡아갔다. 이후 이성당은 승승장구乘勝長驅했지만 몇 차례의 위기를 차별화의 전략으로 이겨내었다. 여느 빵집처럼 튀기지 않고 구워 만든 빵 속에 아삭아삭하게 씹히는 야채 소를 담아 만든 '야채빵'과 기존의 밀가루 반죽을 벋어나 100%의 쌀가루로 만든 반죽으로 개발해 만든 '단팥(앙금)빵'으로 극복해 나가며 '우리나라에서 가장 오래된 빵집'이라는 문구로 '맛의 재발견'에 전력투구 하고 있다. 그 결과 '긴 줄'은 '이게 뭐라고' 비판하는 군산시민들의 평가에도 불구하고 군산의 오랜 명물이 되어 있다. (강석훈 외, 『왜 우리는 군산에 가는가』, 글누림, 2104, 참조).

끼

— 싸이*의 말춤을 보고

내 꿈이 발효되어 솟아오른 것
내 기가 숙성되어 타오르는 것
해저에서 꿈틀대며 들썩거리다
마침내 터져 나온 마그마 용암

타고난 재능을 발휘 못하다
어깨짓 들썩대며 날개 짓하다
시절 인연 만나서 폭발해 나온
저 하늘로 솟구치는 열두 발 상무

수십 년간 꽁꽁꽁 싸매둔 내 끼
오늘 여기 풀어헤쳐 되새김하며
내 뼈를 바꾸고 태를 찢으며
바깥으로 튀어 나온 생명의 소리!

내 기가 익고 익어 뚫고 나오며
내 꿈이 뜸이 들어 뚜껑 벗기며
더 이상 주체할 수 없어 나오는
자기를 이겨내어 광배光背로 피는.

* 가수 싸이(박재상)는 노래 '강남스타일'과 '젠틀맨'으로 일약 세계적인 가수가 되었다. 그는 한류의 브랜드로 세계화의 한복판에 자리하고 있다.

인간의 삶

—『레 미제라블』을 보고

수레의 한 바퀴가 삐걱거리듯
소설같은 삶이라면 맛볼 것인가
'낭만적'이란 말이 저 '소설같은'
뜻이라면 나는 소설 속에 살련다

비참한 현실 너머 내일 믿기에
코제트의 양육비를 벌기 위하여
저 팡틴은 자존심인 머리카락과
성한 생니 두 개를 빼어 팔았네

내 굶주린 조카를 먹이기 위해
마른 빵 한 덩이를 훔쳤다고 해
하루 묵을 방 한 칸을 얻지 못한 밤
아, 삶은 이처럼 소설 같은가!

마차에 깔린 이를 되살려 내고
여공의 딸아이를 맡아 키우며
죽어가는 청년을 구하기 위해
똥통의 시궁창을 더듬는 내 삶.

불빛

— 장발장*의 독백

천 길 아래 어둠 속을 더듬으면서
단 하루도 내 영혼을 버릴 수 없어
내 안의 선과 양심 희망과 연민
이런 것들 한 순간도 놓지 못했네

미리엘의 집서 훔친 은촛대 두 개
뜻하지 않게 밟은 동전 꾸러미
소년에게 빼앗은 은화 마흔 수sou
내 양심에 평생 박힌 가시 면류관

단 한 번도 거짓말을 하지 않았던
자베르는 평생 나를 뒤쫓았지만
내 선의에 무릎 꿇은 그를 보면서
법 너머의 가슴 법전 생각하였네!

마리우스 대신 총탄 맞은 에포닌
아버지에 버림 받은 두 남동생을
혈육인 줄 모른 채 재워준 가브로슈
이 모두를 보듬어낸 대자비의 힘.

* 프랑스의 소설자이자 정치가였던 빅트로 위고(1802~1885)의 대표작인『레 미제라블』의 주인공이다.

만남
— 대만기행* 1

생긴 거로 치자면 고구마 같고

속속들이 들여 보면 솔방울 같네

대륙의 엑기스를 촘촘히 박은

해양의 에너지를 활달히 모은

인도양의 스리랑카 보석섬처럼

태평양의 넘치는 일광열 모아

절과 절들 뭇 별처럼 벌여 세우고

탑과 탑들 기러기처럼 날아가는*.

* 인각일연(麟角一然, 1206~1286)은 우리 민족의 경전인 『삼국유사』 「흥법」편의 '원종흥법 염촉멸신' 조목에서 신라 경주의 불교 흥성을 '사사성장寺寺星張' '탑탑안행塔塔雁行'으로 표현하였다. 지금 대만은 불국인 인도를 제치고 불국이 되어가고 있다.

포옹

— 대만기행 2

갖은 말을 떠올리며 전하려 해도
언설로는 못다 하는 것들이 있지
진솔한 몸짓 발짓 가슴 짓으로
온기 실어 전해야만 느껴지나니

악수로는 제대로 전하지 못해
눈빛으로 말하려 해 보았지만
손수 보고 몸소 느껴 번져가야만
온몸과 온가슴에 파문이 일지.

동행
— 대만기행 3

더불어 있어도 딴 생각하면

떨어져 있어도 함께 생각 못해

함께 있을 때 같은 생각해야

따로 있어도 함께 생각하지.

같은 길을 나란히 가면서도

항시 나와 다른 생각하면

더불어 걸어가는 것이 아니라

떨어져 함께 가는 것이지.

* 2012년 2월 11일부터 2월 16일까지 나는 한국-대만불교 교류를 위해 한국불교사연구소가 주최한 '제20차 한국불교사 강의기행'을 다녀왔다. 타이뻬이의 고궁박물관을 필두로 하여 용산사, 현장사, 타이쭝의 중태선사, 가오슝의 불광산사, 화리엔의 자제공덕회, 타이뻬이의 법고산사, 자우의 자항사 등을 순례하면서 한국불교가 대만불교로부터 배워야 할 것이 무엇인지를 뼈속 깊이 느낄 수 있었다.

산사람

— 찬박영석산인가讚朴英碩山人歌

평지보다 산을 더 좋아한 그는
평생을 산 위에서 살은 산사람
이제 그는 신선이 되었나 보다
단군같은 산신이 되었나 보다

'일 프로의 가능성만 남아 있어도
포기 않고 언제나 도전한'*그에게
'겨자만한 희망이 남아 있으면
살아 돌아오라' 한 명을 어겼지만

그는 현생 인류의 극한을 넘어
새 인류의 출현을 보여주었다
온 극한의 궁극과 부딪치면서
자기와의 싸움에서 이겨나온 그!

작디작은 극한에 멈추지 않고
더욱더 큰 극한을 만들어 가며
또 다른 저 경계를 무너뜨리며
삶의 안과 바깥을 확장시킨 그.

* 산악인 박영석(朴英碩, 1963.11.2~2011.10.22?)은 세계의 지붕인 히말라야산맥의 14봉우리와 지구의 남극점과 북극점 등 16곳을 완등하였다. 그는 '1%의 가능성만 있어도 포기하지 않고 도전한다'는 기상으로 인류의 역사를 다시 쓰게 했다. 하지만 박영석 대장은 2011년 10월 중순에 다시 히말라야산맥 안나푸르나(8091m)봉 등반을 위해 등정대원 2명을 이끌고 남벽으로 올랐으나 20일에 갑자기 내린 눈사태를 만나 실종되어 대원들과 함께 히말라야와 하나가 되었다. 눈과 얼음의 감옥에 갇힌 채 히말라야의 산신 혹은 신선이 된 그를 기리며 삼가 이 시를 바친다.

별

— 스티브 잡스를 애도하는 문구 '나는 슬퍼iSad'를 빌어*

저 하늘이 높기는 높다 하지만
저 하늘에 빛나는 별이 없다면
우리 삶은 깨어진 바퀴 끌듯이
맛 없고 멋 없이 굴러 가리니

사과를 한 입 물고 하늘을 보며
신맛 쓴맛 단맛 등을 음미하면서
이빨 자국 크게 남은 사과 형상을
오롯이 따라가서 살펴봤더니

삶이란 자기와의 싸움인 것을
관성과의 치열한 힘겨루기임을
실체와의 처절한 맞섬인 것을
화두를 끝까지 드는 것임을!

저 하늘이 넓기는 넓다 하지만
저 하늘에 빛나는 별이 있을 때
우리 삶은 잘 깎은 바퀴 끌듯이
멋 있고 맛 있게 굴러 갈지니.

* 과학기술과 인문학을 결합시켜 21세기의 '레오나르도 다빈치' 혹은 '에디슨' 또는 '헨리 포드'로 불렸던 스티브 잡스(Steve Jobs, 1955~2011)가 2011년 10월 6일에 세상을 떠났다. 그는 극과 극을 하나로 융합시키며 현대인의 삶을 바꾼 정보기술의 거인이었다. 잡스는 '사과를 한 입 깨물은 애플의 아이콘'으로 아이맥iMac, 아이패드iPad, 아이팟iPod, 아이폰iPhone 등 스몰 아이i의 시대를 열며 세상을 바꾼 하늘의 북극 성좌星座였다. 최근 우리 곁을 떠난 그가 '나는 천국에 있을 거다iHeaven'라는 농담을 했을 것이라는 말이 나올 정도로 그는 우리시대의 아이콘이었다. 일찍이 잡스는 스몰 아이i를 통해 "나는 별거 없는 인간이다. 그런데 나는 나다"며 당돌한 비주류 선언을 했으며, 또 "나는 세상을 이분법적으로 본 적이 없다. 나는 룰을 만드는 사람이다"라고 했다. 잡스는 "나는 세계 최대가 아니라 최고 기업을 만드는 게 꿈이"며 '다르게 생각하기Think Different'라는 잡스 스타일로 21세기에 걸맞는 새로운 복음을 전파했다.

선정禪定에 들어있는 한반도

— 2018년 평창 동계 올림픽 개최를 빌어

우리가 사는 곳이 어떤 곳인지
알고서 사는 이는 얼마나 될까
생김새는 순해 빠진 토끼 아니고
모양새는 포효하는 백호 아니네

천지간의 온갖 유혹 흔들리잖고
온 세상의 갖은 경계 붙들리잖고
내 눈앞의 유 불리를 따지지 않는
오랫동안 선정에 든 수좌라야만

화두를 또렷또렷 들고난 뒤에
의단을 고요고요 부숴낸 뒤에
막혀 있는 가슴 속을 통기通氣시켜서
백회百懷까지 기운을 밀어 올리리니

백두산 천지 아래 붉은 용암이
수면을 뚫고서 솟아올라서
새날 새 세상을 열어젖히는
그날이 우리 민족 개벽 날이리.

상가수

— '나는 가수다'*를 보고

저자거리 무대 오른 저 소리꾼은
목이 타는 청중들을 적셔주려고
한 평생 깊게 파낸 우물을 길어
처음으로 모습 보인 상가수라네

가슴 속을 후벼파는 그의 발성은
생생한 날 것으로 퍼져가면서
내 마음 속 메아리로 되살아나서
온 몸을 뒤흔들며 눈물을 뽑네

절 가운데 절이란 전신투지고
시집 중의 시집은 삼대목이며
노래 중의 노래는 향가이듯이
시가詩歌로 천지 귀신 감동시키고
젓대로 달님도 멈춰 세운 그!

한 송이 밀어密語로 피워올린 삶
활발발히 뽑아낸 돈오頓悟의 절창
무대에서 태울 것 모두 다 태워
더 이상 부를 곡을 남기지 않은.

* 2011년 3월부터 진행되었던 MBC의 일요일 밤 프로그램인 '서바이벌 나는 가수다'는 일급 가수들의 혼신의 투지와 열정을 통해 삶의 의미와 가치를 되물어 주었다. '서바이벌 나는 가수다'는 해당 분야의 한 개인이 지니고 있는 '가수'(직업)와 '노래'(능력)라는 상징적 기호를 통해 우리 시대의 아이콘인 '경쟁'과 '최선'이라는 새로운 코드를 환기시킴으로써 우리사회 전 분야에 자성과 성찰을 촉구하였다.

연등 법화

— 보스톤 문수사에서

꽃잎이 활짝 피어
땅 위로 내려오는
사월 초 여드레

꽃잎은 왜 떨어져
아래로 또 아래로
제 몸을 던지는가

연꽃은 물 속의
진흙에서 솟아 또
허공에 떠 있는가

지상의 진흙들이
피워낸 연꽃이
저만치 웃고 있네.

가을운동회 1

검정 고무신 벗고
아껴 신던
푸른 운동화 빨아 신고

무논에서 잡은 메뚜기들
가마솥에 매 볶아
간장 찍어 먹은 뒤 땄던

갱지 공책 한 묶음과
참나무 연필 한 다스에 찍힌
일등이란 푸른 도장 자국

눈빛이 종이 등을 꿰뚫듯
한 길로 달려가서 땄던
나의 첫 자신감!

가을운동회 2

고무풍선 불어
푸른 하늘 높이 띄우고

만국기 달아
읍네 사람들 불러 모은 뒤

곤봉 체조 끝내고 열린
기마전에서
활짝 펼친 손들로

단풍나무 흙물 들이는
가을운동회.

가을 한 장

바람 나 집 나간 옆집 순이가
몇 달 간 소식 없다가 돌아와

나무 위에 몰래 널어 말리는
붉은 월수백月水帛 한 장.

햇빛을 찾아 나서다

— 보스턴 단풍을 보며

한 나무에 태어나 숨을 쉬면서
다함께 바람 맞고 빛을 맞으며
똑같이 광합성을 해왔는데도
난 아직 왜 이렇게 푸르른가를

너무나 또렷이 달리 느낀 날
아래 위 옆과 뒤를 비추어보며
어찌할까 되뇌이며 망설이다가
가까스로 다가와 말문 연 네게

난 궂은 비 마파람 뜨거운 빛을
억지로 이리 저리 피하려거나
샛길로 빠져나갈 생각 못하고
그냥 그저 묵묵히 껴안았을 뿐!

어떻게 말해 줄까 고민하다가
가까스로 그러한 생각을 내어
있는 대로 담담히 말을 했더니
그 순간 붉어오는 푸른 나뭇잎.

유연성

— 미국에서 연구년을 보내며*

이른 아침 길목을 나설 때마다
긴 꼬리를 돛대처럼 흔들며 가는
보스턴 벨몬트시 청설모 한 마리

떡갈나무 줄기를 기어 올라가
외나무 가지 길을 달려 나가며
외줄을 타고 가는 나무 곡예사

어릴 때 마을 공터 가설무대서
약을 팔던 약장수의 마이크 따라
서커스 하던 열 몇 살 소녀처럼
가지에 온몸 실은 삶의 유연성!

아, 나는 얼마를 더 단련해야만
저 유연한 돛대를 내 삶에 달고
온 세상 뭇 파도를 넘어서는가.

* 나는 첫 연구년을 맞아 2010년 8월 1일부터 2011년 7월 31일까지 미국 하버드대학 아시아센터 한국학연구소에서 한국사상사를 연구했다.

단풍나무
— 애플 메이플을 보며

공동묘지 장엄하는 단풍나무가

무덤 속 주검들의 피를 먹은 듯

형광螢光 빛 붉은 낯짝 활짝 보이며

천지 사방 물들이는 가을 저녁놀.

아메리카 감자사甘蔗史

잉카의 후예들은 산으로 쫓겨
사냥으로 끼니 떼며 살아남아서
바위 틈새 속에다 감자 심으며
인고의 아픔을 땅에 묻었네

산에서 견딜 수 있기 위해선
마지막 영양분이 필요했었지
이거라도 없었다면 오늘 우리는
종족보존 문화보전 어려웠으리

삶의 생기 휘발하면 불에 튀기고
삶의 생기 팍팍하면 재에 구우며
삶의 생기 사라지면 국을 끓이고
삶의 생기 증발하면 물에 삶았지

나자마자 험한 세상 만난 감자는
제 뜻대로 자리 잡고 못 자랐지만
자갈밭의 모난 돌들 감싸 안으며
움푹 패인 얼굴로 미소 지웠네.

오두막집*

— 헨리 데이비드 쏘로우에게

그대는 호숫가에 오두막 짓고

새들은 가지 위에 새집을 짓지

허공에 그물 던져 말 낚는 나는

말 너머 말의 의미 얻고자 하네.

복잡하고 불편한 삶 싫어하면서

이리 저리 얽혀서 살고파 하네

단순하고 간편하게 살아가는 법

손쉽게 누릴 수 있을 텐데도.

* '단순'하고 '간편'한 삶을 살고자 했던 헨리 데이비드 쏘로우는 미국 하버드대학 철학과를 졸업한 뒤 보스턴의 콩코드에 있는 월든 폰드가에 조그만 오두막집을 짓고 약 4년간 자연과 어우러져 살았다. 나는 연구년을 맞아 보스턴 벨몬트 시에 살면서 2010년 10월 21일 목요일과 10월 23일 토요일 오후에 이곳에 가 보았다.

코스모스

허공에서 날아온 씨앗 하나가

싹 하나로 저 우주를 받치고 있네.

민들레꽃 2

내 이루 말할 수 없는 굴욕을
세상에 모두 다 지불하면서

내색 한 번 제대로 하지 않고서
땅바닥에 쉼없이 포복하는 건

내 몸속에서 품어낸 이 씨앗들을
우주 곳곳에 보내기 위해서이니

겨울철 꼭 껴입는 내복 한 벌은
보약 한 재 보다 더 귀한 것이기에.

구름 유마

우리나라를 잠시 떠나 아메리카로 날아오면서
하늘에서 내린 눈이 설경을 만든 것 같은
하이얀 구름 위를 내려다 보았습니다
늘 아래서 올려만 보던 세상과 달리
위에서 내려다보는 구름바다는 내 전생을 마치고
현생을 맞이하러 가는 마지막 통로였던 블랙홀처럼
새롭고도 낯선 풍경으로 드리워 있었습니다
보스턴 벨몬트에서 북쪽의 웨이크필드에 있는 문수사를 향해
주말마다 삼십 분을 달렸습니다
이곳은 처음 가 본 곳이었지만 언제인가
이 길은 와 본 적이 있는 길인 듯 했습니다
몇몇 전생에 빠뜨리지 않고 다녀 보던 길이었습니다.

단풍 법화

가지에서 뛰어내린 단풍잎들이
날개를 길게 빼고 몸을 세우며
허공을 가르는 큰 춤을 춘다

앎의 길을 끝까지 가보고 난 뒤
셀 수 없는 길의 틈을 열어 젖히듯
삶의 길을 끝까지 가보고 난 뒤
헬 수 없는 길의 틈을 열어 보이듯

삶이란 직선의 길이 아니라
구절양장 곡선임을 일깨워 주며
땅들로 하여금 기쁜 소식을
깨닫게 하고 맞아 들게 하면서

입을 벌려 큰 숨을 마시기 위해
단풍잎의 춤사위를 뒤좇아 오다
땅 위로 굴러 내린 도토리 하나.

비구 혹은 거사

— 고 수연 박희진* 시인

한 사람만 사랑하지 못한다 하여
비구처럼 사제처럼 살은 시인이
흰 눈썹 머리카락 휘날리면서
신선인듯 은자인듯 물처럼 살았네

안암동 쌍문동 또 우이동에서
시로 숨을 쉬고 시로 밥을 먹으며
수천 편 시로 한 시절을 수놓았나니
시낭송으로 한 시대를 드리웠나니

아, 남자를 너무나 사랑하여서
평생을 혼자 살은 청정 비구가
아, 남자를 사랑한다 말하지 못해
생평을 홀로 살은 시인 거사가

오늘에야 비로소 자유로워져
고독의 감옥에서 벗어났나니
이승의 외 날개 옷 갈아입고서
저승에선 두 날개를 입으시옵기.

* 수연 박희진(水然 朴喜璡, 1931.10.30~2015.3.31)은 경기도 연천에서 태어나 고려대 영문학과를 졸업하고 서울 동성고 영어교사로 20년을 재직하였다. 시의 길에 매진하기 위해 명예퇴직을 한 그는 이후 평생을 비구 혹은 거사로 살며 미의 탐구에 일생을 바쳤다. 이십대의 데뷔작인 「관세음상에게」에서 "美란 사람을 절망케 하는 것"이라고 갈파한 것처럼 그가 이후 형상화해온 시에는 미의 종자가 깊이 훈습되어 있다. 수연이 '미의 사제' 혹은 '시의 보살'로서 보여준 미관은 한국의 풍류도와 전통문화에 그 기원을 대고 있다.

원효로에서 원효를 만나다

— 서울의 원효기행

흰 소를 타고서 흰 소를 찾듯
원효로에 나아가 원효를 찾네
그가 남긴 자취는 이미 없지만
보고 듣고 싶은 것만 남아 있었네

그의 이름 빌려 내건 원효로성당
그의 명명 빌려 붙인 원효초등학교
그의 정체 빌려 걸은 원효아파트
그의 법명 빌려 세운 원효대교엔

그의 자취 휘발되어 공기가 되고
그의 흔적 날아가서 구름이 되고
그의 신발 지워져서 허공이 되고
그의 걸음 사라져서 꽃이 되었네

흰 소를 타고서 흰 소를 보듯
원효로에 나아가 나를 보았네
내 안의 새벽 원효 깨어서 있고
내 밖의 한낮 저녁 깨어서 있네.

* 2014년 10월 25일 오전 8시 반부터 저녁 9시까지 나는 동국대학교 한국불교사연구소 '제26차 한국사상사 관련 한국불교사 기행' 참여 일행을 이끌고 서울시 용산구에 자리한 효창공원 안팎의 원효대사상, 원효사와 원효로 일대의 원효로성당, 원동교회, 효동교회, 원효로 시장, 원효대교 등 원효를 명명한 여러 현장 유적들을 답사하면서 우리 속에 살아있는 원효를 만났다.

인공지능
— 알파고

인간이 바둑에서 기계인간에 져
세상이 왼종일 떠들썩한 날
알파고를 만든 이도 인간이기에
이것은 충격적인 인류의 승리

인공지능이 스스로 인공지능을
만드는 특이점*을 넘어설 때가
인간을 실질적으로 넘어서는 때
새로운 세상을 펼쳐내는 때

아, 두려워 말라 그는 화성에서 온
외계 생명체가 아닌 우리의 도구
인류의 삶을 더욱 풍족케 해 줄
우리의 동반자가 진정될지니

묻지 마라 알파고도 불성있냐고
불성 있어 언젠가는 성불하냐고
텅 비워서 꽉 채우는 저 허공처럼
분별너머 날 현실을 실현할 때까지.

* 2016년 3월 9일부터 15일까지 기계인간 알파고의 아버지인 딥마인드의 데미스 허사비스(40)가 만든 인공지능(알파고)이 세계 바둑 최강자인 이세돌 9단과의 5번기 대결에서 4:1로 이겼다. 1차, 2차, 3차전에서는 알파고가 이겼으나 반격에 나선 이세돌이 4차전을 이겼다. 마지막 5차전에서는 알파고가 이겼다.

* 알파고AlphaGo는 구글의 지주회사 이름인 '알파벳'과 최고를 뜻하는 그리스 문자 첫 번째 글자 '알파'를 감안해 중의적으로 지었다고 한다. 'Go'는 바둑을 뜻하는 영어이자 '바둑碁'의 일본어 발음 '고ご'에서 나왔다.

* 특이점Singularity, Singular point : 인류의 육체적 지적 능력이 생물학적 한계를 뛰어넘는 시점.

승소僧笑
— 국수

때 이른 새벽에 조죽早粥을 먹고

의례儀禮에 참예하는 모든 이에게

새참으로 돌렸다는 하이얀 국수

후루룩 먹으며 절로 웃게 하였던.

효봉曉峰*이 법정法頂*에게 차려 준 음식

수행자를 웃게 하는 음식이건만

젓가락 사이로 빠진 한 가닥

죽비처럼 내리치는 시주들의 할!

* 효봉 원명(曉峰元明/學訥, 1888~1966)은 일본 와세다대학 법학부를 졸업하고 평양법원의 복심판사로 재직하다가 독립운동을 하던 젊은 청년에게 사형을 언도한 것을 계기로 늦깎이로 금강산으로 출가하여 정진하였다. 그는 해인사 가야총림 초대방장과 통합종단 초대 종정으로서 불교정화불사를 이끌었던 대표적 선사였다.
* 불일 법정(佛日法頂, 1932~2010)은 보조사상연구원 초대원장으로서 보조지눌사상의 선양에 힘썼다. 그는 『무소유』, 『영혼의 모음』, 『말과 침묵』, 『텅빈 충만』 등 수많은 에세이로 불교사상을 일상의 철학으로 풀어내었다.

우리들의 부끄러움

— 고 최혜정 교사에게

구원의 두레박은 오지 않았다
우리들의 안이함과 무책임으로
아름다운 수학여행이 가라앉았다
여객실 틈새로 물이 차오자
아이들은 놀라고 당황해 했다

갓 대학을 졸업한 젊은 교사가
위급하고 간절하게 남긴 한 마디
'너희부터 나가고 선생님 나갈 게'
안내를 건네받은 그 학생들은
들어왔던 문을 향해 내달려갔다

지상에는 벚꽃이 한창이었지만
꽃잎처럼 젊디젊은 수백 청춘들
바다 속에 하얗게 스러져갔다
공사를 구분하지 못한 선장은
저 혼자 살겠다고 달아나버렸다

바닷물은 아직 들 차 문은 열리고
그들을 뒤따를 수 있었지만은
학생들을 내보낸 뒤 산화하면서
온몸으로 지켜낸 선생님의 위엄

어른들을 회초리 친 한 젊은 어른.

* 2014년 4월 16일에 인천에서 출발해서 제주도로 가던 세월호가 전남 흑산도 앞 바다에서 침몰하였다. 세월호는 기독교복음침례회(구원파) 목사이자 세모그룹 전 회장인 유병언이 소유한 해상관광 전용선박이었다. 불법 개조와 과도한 선적을 일삼던 세월호에 탄 승객 459명 중 겨우 172명만이 구조되었고 나머지 287명이 목숨을 잃었다. 하지만 생존자 뿐만 아니라 사망자의 유가족들은 불면과 환청 및 생활고 등으로 큰 고통을 겪고 있다. 세월호 사건은 소유주의 과도한 욕망과 허상 및 우리사회에 쌓이고 쌓인 부정부패와 비리, 그리고 적당히 봐주기 등의 폐단에서 비롯된 안이함과 무책임이 불러온 참극이자 인재였다. 동국대학교 사범대학을 수석 졸업하고 경기도 안산시 단원고교 영어교사로 처음 부임했던 최혜정 선생의 거룩한 희생정신을 기리기 위해 모과인 역사교육과에서는 매년 사범대 앞에서 고인을 추모하는 기념식을 거행하고 있다.

해설

이 땅의 역사를 치열하게 읽어가는 사랑의 관법觀法

유성호 문학평론가 · 한양대학교 국문과 교수

이 땅의 역사를 치열하게 읽어가는 사랑의 관법觀法

유성호 문학평론가 · 한양대학교 국문과 교수

1.

고영섭 시인의 신작시집『사랑의 지도』(지혜, 2017)는, 이 땅에 현존했던 '신라–고려–조선–대한민국'의 역사 탐구 과정을 씨줄로 삼고, 그 역사 안에서 기억되고 전승된 텍스트나 인물들과의 조회 과정을 날줄로 삼아, 그 광대한 스케일과 정치한 디테일을 한꺼번에 노래한 웅장한 미학적 결실이다. 그것은 신산하고도 고통스러웠던 조건이나 상황들을 겪어낸 공동체적 경험과 기억들을 섬세한 필치로 갈무리한 오랜 감각과 사유의 결실이기도 하다. 시인은「시인의 말」에서 "신라의 상중하대 안목을 담은/ 고려 조선 대한의 안목을 담은/ 이 시대의 삼대목을 생각하며/ 이 시대의 향가를 짓고 싶었다"라고 고백하면서 그 결과가 "사람 중의 사람,/ 시인 중의 시인이 부르는" 노래가 되기를 앙망했다. 결국 이번 시집은 그러한 다양한 시대를 그려낸 상징적 축도縮圖이자, 여러 시대를 살아온 캐릭터들의 인물지人物誌 성격을 아울러 띠고 있다 할 것이다.

물론 고영섭 시인은, 이전 시집들에서도 그러했듯이, 자신의 실존적 기율이기도 한 불교적 상상력을 이번 시집에서도 지극한 원리로 배열해간다. 그 과정에서 내면의 불성을 일깨워 깨침의 증득證得으로 나아가는 치열한 고투의 순간을 낱낱이 보여준다. 아닌 게 아니라 사물들은 각솔기성各率其性에 따라 존재하지만, 시인으로서는 '이물관물以物觀物'의 방법을 통해 그네들의 속성들을 투명하게 바라볼 수 있었을 것이다. 또한 불가에서는 언어를 통해 진리에 다다를 수 없음을 역설하는데, 시인은 이러한 역설의 사유 방법을 신뢰하고 일관되게 적용해간다. 이때 언어는, 『유마경』에서 말하는 불이법문不二法門처럼, '침묵 너머의 침묵'으로 작용하게 될 것이다. 결국 시인은 대상에 대한 지극한 사랑의 관법觀法으로 시를 써가는데, 여기서 '관법'이란 단순히 제법諸法의 실상만을 꿰뚫어보는 데 머무르지 않고, 하나의 상像을 통해 궁극의 세계를 깊이 상상함으로써 그 세계를 내면에서 구체화하는 기능을 수행하게 된다. 이제 이 땅의 역사를 치열하게 읽어가는 고영섭 시인 특유의 '사랑의 관법'을 들여다보도록 하자.

2.

두루 알다시피 '시'는 현재형으로 기억되는 과거의 경험 형식이다. 자연스럽게 그것은 현재에도 지속적으로 경험되는 과거의 기억이 된다. 이러한 이중성 곧 '흔적'으로서의 과거형과 '충만함'으로서의 현재형이 시의 원리를 이루는 핵심이라 할 것이다. 따라서 그것은 존재의 연속성을 포

착하는 '서사'와도 다르고, 시간을 멈춘 채 사물의 외양을 재현하는 '묘사'와도 다른, '서정'만의 원리가 된다. 고영섭 시인은, 비록 과거사가 된 역사를 소재로 삼는다 할지라도, 그 안에서 충만한 기억으로 존재하는 현재형의 원리를 우리에게 일관되게 보여주는 것이다.

먼저 시인은 제1부에서 '신라'를 노래하고 있는데, "덕업이 나날이 새로워지고 천하의 사방을 망라해 나가는" 과정을 그 안에 담고 있다. 거기에는 "만리장성 너머의 만주일대에// 오래 전에 피어났던 홍산문화 꽃"(「만주아리랑 —홍산문화」)에 대한 정성스런 탐구가 있고, "예부터 동북 삼성 만주 일대는/ 단군조선 후예들이 살아온 무대"(「대조영의 독백 —대발해大渤海 제국사」)라는 강렬한 해석적 집념이 있다. 그리고 김유신과 문무왕과 진성여왕, 위홍, 궁예, 견훤, 최치원이 차례로 등장하면서 고대古代 인물지로서의 성격을 한층 강화하고 있다. 시집 전체의 서시序詩이기도 할 다음 시편을 읽어보자.

눈앞에 셀 수 없이 널린 길들도
내 정작 마음먹고 나가려 할 땐
너댓 길 서너 길 두어 길 되다
한 길로 줄어들기 마련이듯이

지상에서 제일로 부지런한 건
나의 손과 또 나의 발이라지만
머리에서 가슴으로 못 옮기고선
가슴에서 발끝으로 못 이르고선

세상에서 제일로 머나먼 길은
머리에서 발끝까지 나아가는 길
발끝에서 온몸으로 못 나가고선
마지막엔 자기조차 못 버리고선

눈앞에 널려 있는 길들 중에서
마음 둘 수 있는 길은 어디에 있나
지상 위에 남겨진 오직 한 길은
내 온 몸을 던져서 열어가는 길.

— 「길 —사랑의 지도」 전문

'길'이라는 제목을 단 이 작품은, '길'이 가지는 철학적이고 인생론적인 의미망을 최대한 수렴하면서 시인 자신이 걸어가야 할 '길'에 대해 묻는 성찰 시편이다. 시인은 "눈앞에 셀 수 없이 널린 길들"도 정작 마음먹고 나가려 할 땐, 마치 소실점처럼, "한 길로 줄어들기 마련"이라고 강조한다. 그러하듯이 "세상에서 제일로 머나먼 길"은 "머리에서 발끝까지 나아가는 길"이 된다. 사유에서 노동까지 이르는 이 존재의 난경難境은, 그 자체로 "내 온 몸을 던져서 열어가는 길"일 수밖에 없을 것이다. 나아가 시인은 "이것은 기술을 넘어서는 것/ 내가 따르는 것은 다만 도道일 뿐"(「뿐 —포정庖丁의 몰입」)이라고 강조함으로써, 시인의 존재론적 성찰과 갱신 의지가 이번 시집을 가능하게 한 에너지의 바탕임을 고백한다. 그것은 "기억이 남겨놓은 사건의 뼈대/ 기록이 전해주는 향기와 온기"(「나는 쓴다 고로 나는 존재한다」)를 찾아 나서는 가파른 길이기도 할 것이다. 이 작품이 시인의 원형적 에너지가 태어난 것을 암시한다면, 다음 시편은 이번 시집이 펼쳐지게 될 원리를 에둘러 말해주는 듯하다.

밥과 술로 일차 이차 끝낸 우리는
학교 근처 주점 아래 노래방에 가
황성옛터 가시리와 황진이 시조
삼대목을 펼쳐보고 선곡했다네

한 시대를 휩쓸었던 노래 중 노래
향가 가요 시조 뽕짝 운동권 가사
이 모두를 아우르는 사랑의 지도
신라 고려 조선 대한 안목을 찾아.

—「이 시대의 삼대목」 전문

원래 「삼대목三代目」은 신라 진성여왕 때 대구화상과 각간 위홍이 편찬한 향가집이다. 지금 전해지지는 않지만, 제목으로 보아 오랜 시간 채집한 향가의 모습이 가득 담겨 있을 것으로 짐작된다. 시인은 그 삼대三代를 "신라 고려 조선"으로 삼아 "황성옛터 가시리와 황진이 시조"처럼 "한 시대를 휩쓸었던 노래 중 노래"를 불러본다. "향가 가요 시조 뽕짝 운동권 가사" 등이 모두 어울린 이 노래의 역사야말로 우리가 걸어갈 길을 알려주는 "사랑의 지도"인 셈이다. 그 점에서 시인이 시집 제목으로 삼은 '사랑의 지도'는, 오랜 시간 이 땅에서 불려진 노래의 역사이기도 하고, "화두 그 끝자락의 벼랑 끝에서// 천지간에 터트린 벚꽃 화엄경"(「벚꽃 사리」)의 장관이기도 할 것이다. 이제 시인은 "오직 한 생각의 자유 누리며// 대상에 붙들리지 않은 채 놓인 나"(「만—오직 한 생각」)를 찾아나선다. "세상에서 제일로 자유로운 삶"(「분황—원효」)으로서의 원효처럼 말이다. 그리고 그 길에 이어진 시간이 바로 '고려'다.

3.

우리가 잘 알듯이, 일상에서 우리를 가장 강하게 강제하고 규율하는 것은 시간이다. 우리는 불가역적인 시간 속에서 살기 때문에, 오로지 기억의 재현 과정을 겪어야만 시적 현재형을 구성할 수 있다. 고영섭 시편은 무의미한 집적으로 보이는 낱낱의 시간을 충만한 현재형의 의미로 불러오면서, 이러한 기억 재현의 원리를 충실하게 이끌어간다. 제2부 '고려'에서는 "하늘에 떠 있는 해와 같이 곱기가 하늘같이 아름다워"라고 노래하는데, 여기서 시인은 "내 눈동자로 빌려온 벚꽃 한 송이"(「차경借景」)와 "내 귀청으로 빌려온 두견새 소리"(「차성借聲」)를 부처로 모시면서, "내 앎이 점화하는 이 뜨거운 순간/ 내 삶이 발화하는 이 황홀한 순간"(「벚꽃나무 아래서」)을 "인간이 발견한 가장 강력한 언어/ 영혼이 영혼에게 전하는 언어"(「음악」)로 노래해간다. 치열하고 웅숭깊고 아득한 목소리가 역사 가운데서 울려온다.

> 역사는 흘러가는 물결 아니네
> 그렇다고 쏟아내는 말들도 아냐

더욱이 저 승자들의 기록 아니라
이 힘없는 백성들의 기억들일 뿐

즈믄 해를 뛰어 넘어 남아 있는 건
구중궁궐 부귀영화 바이 아니네
날 진실을 알고 싶은 것이 아니라
다들 듣고 싶은 것만 듣는 것일 뿐

난 저들의 숨소리 또 기침소리
비통과 울음 또 피눈물까지
갈필로 대신해서 적은 것일 뿐
날 언어로 타지 않는 탑을 쌓았을 뿐!

살아있는 것은 글을 쓰는 것이듯
숨을 뱉고 들이쉬는 이 한 순간도
나는 쓴다 고로 나는 존재한다며
불타지 않는 탑을 쌓아 올렸네.

—「일연의 독백 —『삼국유사三國遺事』 서시」 전문

새롭게 다가오는 언어를 통해 존재 생성의 순간에 참여하는 과정을 '깨달음'이라고 한다면, 고영섭 시편은 바로 그 깨달음의 과정에서 착상되고 씌어진다 해서 틀릴 것 없다. 그래서 우리는 고영섭 시를 통해 우리가 채 인지하지 못했던 관념이나 가치를 알아가게 된다. 바로 그때 고영섭 시는 '충만한 현재형'을 품은 채 새롭게 태어나면서, 고전이나 인물에 대한 깊은 안목을 보편적 지혜로 수렴해가는 시인 자신의 역량과 지향을 충실하게 보여준다. 『삼국유사』를 편찬한 일연의 독백 구조로 되어 있는 위의 시편은, 역사가 "승자들의 기록"이 아니라 "힘없는 백성들의 기억들"이라고 일갈한다. 승자들의 기록만 남고 패배자들의 기억은 사라져버리는 역사 서술의 일반론을 뒤집은 이 같은 진술은, 오래도록 우리에게 남는 것도 "구중궁궐 부귀영화"가 아니라 "저들의 숨소리 또 기침소리/ 비통과 울음 또 피눈물"이고, 결국 『삼국유사』 역시 "갈필로 대신해서" 그들의 역사를 적은 것일 뿐이라고 말한다. "살아있는 것은 글을 쓰는 것이듯" 하다는 것은 마치 일연 자신의 운명처럼 들리는데, 이는 '씀'으로써만 존재하는 운명을 받아들인 결과로서의 "불타지 않는 탑"이 바로 『삼국유사』임을 말하고 있다. 이러한 독백의 연장선에서 시인이 느끼는 깨달음의 순간을 다음 작품들에서 엿보도록 하자.

그대가 담금질해 던진 살인검

내 급소로 돌직구를 던졌지만은

난 그대를 살리는 활인검 들어

벼락 치듯 분별 끊어 돌려주었네.

— 「거량擧揚 —언어 너머 혹은 언어 이전」 전문

삶 속에 죽음이 들어있다는 것

죽음은 삶 속의 한 매듭이라는 것

너희는 들어봤니 이 숨이 멈추면

다음 생의 매듭이 시작된다는 것.

—「매듭」 전문

앞의 시편에서는 "살인검殺人劍/ 활인검活人劍"의 대조를 통해 "벼락 치듯 분별 끊어" 생명을 돌려주는 태도가 생명을 노리는 것보다 훨씬 윗길이라는 사실을 들려준다. 시의 제목인 '거량擧揚'은 설법할 때 죽은 사람의 영혼을 부르는 것을 말하는데, '언어 너머 혹은 언어 이전'이라는 부제가 삶과 죽음 사이의 분별지分別智를 지우면서 언어와는 전혀 다른 길을 통한 깨달음의 순간이 가능함을 암시해주고 있다. 뒤의 시편에서는 "삶 속에 죽음"이 있고 "죽음은 삶 속의 한 매듭"일 뿐이라는 사실을 들어, 앞의 시편이 가지는 주제를 더욱 선명하게 강화해준다. 자연스럽게 "이 숨이 멈추면// 다음 생의 매듭이 시작"되어가는 진리로 고영섭 시인은 훌쩍 직핍直逼해간다.

원래 우리가 사물이나 현상을 만나고 그것을 인식하는 과정에는 필연적으로 언어의 역할이 필요하다. 말할 것도 없이, 대상의 언어적 형상화를 통해 인식이 만들어지는 것이며, 사물의 본체는 언어의 구체를 통해 드러나게 되는 것이다. 따라서 사물의 본체에 대한 언어적 파악과 표현이 시의 중요한 역할이라고 할 때, 이러한 시의 속성은 불가적 상상력이 추구해온 인식 과정과 매우 닮아 있게 된다. 하지만 불가에서는 비非언어적 마음을 유지하는 지향점을 한편으로 가지는데, 그것이 바로 언어를 비껴간 언어 곧 '침묵'이고 그것은 명상적 사유의 한 형태일 것이다. 그 비밀은 언어로서는 표현할 수 없는 것不立文字이지만, 동시에 언어를 떠나서도 표현할 수 없는 것不離文字인 것이다. 불가에서는 이처럼 경계가 지워진 마음을 '무위심無爲心'이라고 하는데, 일체의 분별이나 호불호好不好가 사라진 마음을 가리키는 개념이다. 우리가 보았듯이, 고영섭 시학의 인식론적 기저基底가 이러한 사유 방법과 기율에서 말미암고 있는 것이다.

4.

보통 '오도悟道'나 '견성見性'은 종교적 초월의 한 양상으로 생각되지만, 그것은 하늘에서 뚝 떨어진 우연한 것이 아니라 지상에서 오래도록 수행해온 이들만이 누리는 지극히 물리적인 특권일지도 모른다. 물론 그 안에서는 불가피하게 오의奧義의 연쇄가 발견되기도 하지만, 그 오의야말로 인간 지혜가 가 닿은 극점이기도 할 것이기 때문이다. 그 점에서 고영섭 시학은 오랜 시간의 학문적 수행과 시적인 감각의 결속으로 이루어진 오묘한 세계라 할 것이다. 시인은 제3부 '조선'에서 이러한 오의의 순간들을 배열해가는데, 이 근세近世 경험은 "우리가 서로를 비우는 순간// 서로가 모두를 지우는 찰나"(「눈부처 2 —나의 거울 속으로 걸어가다」)를 수습하면서 장영실, 고산자 김정호, 경허 선사 등을 연이어 호출하게 된다. 그 가운데 가장 빛나는 역사적 장면은 단연 '한글' 창제의 순간으로 힘차게 모아진다.

호박꽃이 아이처럼 입을 벌리고

한글 자모 외는 노래 부르는 사이

사랑의 향기 찾는 벌 한 마리가

아이의 목젖 너머 성대 속으로 날아 들어가는.

— 「사랑의 지도 —한글날에」 전문

제목이 시집의 표제와 같은 것으로 보아서, 이 시편에 담아두려 하는 시인의 무게는 만만치 않을 것이다. 그것은 "호박꽃"과 "벌 한 마리"의 관계를 비유 삼아 "한글 자모"를 외는 노래가 마치 "사랑의 향기"를 찾아가는 움직임으로 보이는 순간을 담고 있는 데서 나타난다. 그렇게 '한글'은 가장 아름답고 위대한 '사랑의 지도'를 가능하게 한 역사적 사건인 셈이다. 시인은 「한글 —신미대사의 독백」이라는 작품에서 "백성들이 쓰는 말을 옮겨 적는 일"이 얼마나 훌륭하고 그것이 바로 "너와 내가 뜨겁게 더욱 뜨겁게/ 이 땅의 사람들을 사랑하는 일"이었음을 노래하기도 했는데, 이러한 실례들은 고영섭 시가 사적私的 감정의 발화에 머무르지 않고 역사의 가중 중요한 심층을 받아들이는 언어의 집임을 말해준다. 그리고 그러한 작업을 통해 세상과 만나고 세상을 열려는 열망의 상상적 기록이라는 것을 알려준다. 그것이 사람이든 역사적 사건이든, 시인은 그네들을 삶의 촘촘한 의지로 결속함으로써 우리에게 시간의 흐름에 둘러싸인 위대한 역사의 깊이를 한껏 경험케 해준다. 이렇게 고영섭 시편은 삶과 역사에 대한 견결한 관조와 표현으로 우리 시대의 모든 이들에게까지 공감을 주고 있는 것이다.

내 그대와 함께 생을 살아가면서

한 번도 눈 속을 보지 못한 채

눈 주위만 바라보며 흘려보냈던

헬 수 없고 셀 수 없는 시간의 강물

내 오늘 처음으로 그대를 보며

눈동자 속 부처를 보는 순간에

너와 내가 사라지는 그 지점에서

동두렷이 떠오르는 우리의 모습.

— 「눈부처 —너의 거울 속으로 걸어가다」 전문

이번에는 '눈부처' 시편이다. '눈부처'란 눈동자에 비쳐 나타난 사람의 형상을 말하는데, '눈부처'를 바라보는 그 순간은 바로 어떠한 형상도 짓지 않는 청정한 상태로서 자비심을 일으키는 상태가 된다. 이는 바로 진공묘유眞空妙有의 빛을 새로이 발현할 수 있는 최적 조건이 되기도 한다. 이처럼 현실과 초현실 혹은 아와 타의 분별이 없어진 상태, 아니 분별이 없어졌다기보다 둘이 한 몸이 된 상태가 말하자면 눈부처가 현현하는 융즉融卽, participation의 상태일 것이다. 시인은 '눈 속'과 '눈 주위'의 대립 구도 속에서 자신이 언제나 '눈 주위'만 바라본 사람이었음을 고백하면서, 오늘 처음으로 "눈동자 속 부처를 보는 순간"에 서 있노라고 말한다. "너와 내가 사라지는 그 지점에서// 동두렷이 떠오르는 우리의 모습"이 바로 존재론적 화응和應의 시간이요, '너의 거울'이라는 타아他我의 형상을 통해 주와 객이 한 몸 되는 시간이 됨을 노래하는 것이다. 이렇게 고영섭 시편은 마음 속에 일고 무너지는 것들이 사실은 경계가 없는 것임을 우리로 하여금 경청하게 하면서, 존재론적 구도求道의 지경地境을 가없는 정성으로 전해준다. "당신의 '가장'은 분별 이전과/ 경계를 뛰어 넘은 순간"(「당신의 '가장'」)에 있다는 선언도 그러한 연장선에서 이루어진 것일 터이다.

이를 통해 고영섭 시학은 존재론적, 인식론적 시원始原의 분위기를 한껏 고양하고 있다. 이때 '시원'이란, 공간적 유토피아나 시간적 유년기를 지칭하는 비유적 개념이 아니라, 우리의 지각으로는 도저히 닿을 수 없는 것을 내장한 궁극적 가치이기도 하고, 어떤 정신적이고 영적인 정점의 경지를 간접화한 형상이기도 하다. 때로 그것은 존재 생성과 갱신의 활력으로 작용하면서 이처럼 우리에게 압도적으로 다가오는 것이다.

5.

마지막 제4부 '대한'에서는 "커다란 하나 더욱더 커다란 하나를 만들어가는" 시간을 노래한다. 그 안에는 "매의 눈을 지닌 능글맞은 큰 무당"(「영매의 가락 —미당 서정주」), "벌거벗은 우리들의 선한 자화상"(「동심童心 —대향 이중섭」) 같은 숱한 근대 예술인들이 각각의 형형색색을 입고 나타난다. 시인은 "삶이란 가차 없이 결단하는 것"(「삶의 맛」)이라고 했거니와, 그네들의 삶에서 그러한 순간들을 여럿 보았을 것이다. 특별히 다음에 나오는 두 음악인은, 20세기의 역사와 21세기의 문화가 어떻게 갈라지고 또 나란히 설 수 있는가를 보여주는 유의미한 삽화일 것이다. 이념의 강박에서 놓여날 때 우리는 '오페라 심청'을 누릴 수 있고, 대중문화를 폄하하는 태도에서 벗어날 때 우리는 '싸이의 말춤'을 출 수 있다. 문화적으로 열려 있는 마음을 시인이 한껏 보여주는 대목이 아닐 수 없다.

> 아버지의 어둔 눈을 활짝 틔우듯
>
> 내 손을 빌어 다시 태어난 그녀
>
> 난 분단의 벽을 넘는 오페라로서
>
> 잇고자 했네 저 끊어진 마음의 눈.
>
> —「오페라 심청 —윤이상」 전문

내 꿈이 발효되어 솟아오른 것
내 기가 숙성되어 타오르는 것
해저에서 꿈틀대며 들썩거리다
마침내 터져 나온 마그마 용암

타고난 재능을 발휘 못하다
어깻짓 들썩대며 날개짓하다
시절 인연 만나서 폭발해 나온
저 하늘로 솟구치는 열두 발 상무

수십 년간 꽁꽁꽁 싸매둔 내 끼
오늘 여기 풀어헤쳐 되새김하며
내 뼈를 바꾸고 태를 찢으며
바깥으로 튀어 나온 생명의 소리!

내 기가 익고 익어 뚫고 나오며
내 꿈이 뜸이 들어 뚜껑 벗기며
더 이상 주체할 수 없어 나오는
자기를 이겨내어 광배光背로 피는.

—「끼 —싸이의 말춤을 보고」 전문

윤이상 대표작 「오페라 심청」은 1972년 독일 뮌헨 바이에른 극장에서 위촉되었다. 그 배경에는 전 세계의 축제인 올림픽 이념을 오페라를 통해 보여주려는 상징적 의도가 있었다고 한다. 윤이상은 유럽 전통 양식에서 벗어나지 않으면서도 동서양 간의 문화 장벽을 허문 현대적 감각의 오페라를 지음으로써 올림픽 성격에 걸맞은 음악을 만들어내었다. 시인은 "아버지의 어둔 눈을 활짝 틔우듯" 새롭게 윤이상의 손을 빌려 태어난 심청 역시 "분단의 벽을 넘는 오페라로서// 잇고자" 한 "저 끊어진 마음의 눈"에 대한 갈망의 소산임을 읽고 있다. 그런가 하면 대중가수 싸이의 '끼'를 칭송하고 있는 아래 시편은, 그 '끼'가 바로 "내 꿈이 발효되어 솟아오른 것"이고 어쩌면 "수십 년간 꽁꽁꽁 싸매둔 내 끼/ 오늘 여기 풀어헤쳐 되새김하며" 폭발한 것이라고 말한다. 그것이 "내 뼈를 바꾸고 태를 찢으며/ 바깥으로 튀어 나온 생명의 소리!"가 될 줄이야. 근엄함과 엄숙주의를 버리고 "더 이상 주체할 수 없어 나오는/ 자기를 이겨내어 광배光背로 피는" 기운을 느끼는 시인의 활력이 여기서 빛을 발한다. 물론 그 활력은 "은은하고 그윽한 깊이의 내면"(「모과론 —박승미 시인에게」)이 외적으로 발현한 것이고, 우리는 "시집 중의 시집은 삼대목이며/ 노래 중의 노래는 향가이듯이"(「상가수 —'나는 가수다'를 보고」) 새로운 '노래 중의 노래'로 현대적인 것을 받아들이는 시인의 국량局量을 한껏 느끼게 된다.

> 구원의 두레박은 오지 않았다
> 우리들의 안이함과 무책임으로
> 아름다운 수학여행이 가라앉았다
> 여객실 틈새로 물이 차오자
> 아이들은 놀라고 당황해 했다
>
> 갓 대학을 졸업한 젊은 교사가

위급하고 간절하게 남긴 한 마디
‘너희부터 나가고 선생님 나갈게’
안내를 건네받은 그 학생들은
들어왔던 문을 향해 내달려갔다

지상에는 벚꽃이 한창이었지만
꽃잎처럼 젊디젊은 수백 청춘들
바다 속에 하얗게 스러져갔다
공사를 구분하지 못한 선장은
저 혼자 살겠다고 달아나버렸다

바닷물은 아직 들 차 문은 열리고
그들을 뒤따를 수 있었지만은
학생들을 내보낸 뒤 산화하면서
온몸으로 지켜낸 선생님의 위엄
어른들을 회초리 친 한 젊은 어른.

—「우리들의 부끄러움 —고 최혜정 교사에게」 전문

이 감동적인 시편은 연전에 일어난 ‘세월호 참사’의 와중에서 우리로 하여금 한없이 부끄럽게 하고 또 자랑스럽게 한 ‘고 최혜정 교사’의 삶과 죽음을 서사로 담아냈다. 그녀의 죽음에 “우리들의 안이함과 무책임”이 있고, “갓 대학을 졸업한 젊은 교사가/ 위급하고 간절하게 남긴 한 마디”는 바다 속으로 스러져간 젊음들을 한순간 “온몸으로 지켜낸 선생님의 위엄”을 보여주었다고 시인은 노래한다. 이때 그녀의 모습은 그야말로 “어른들을 회초리 친 한 젊은 어른”

이었던 것이다. 이제 우리는 그녀가 일깨운 “내 안의 선과 양심 희망과 연민”(「불빛 —장발장의 독백」)으로 살아갈 것이고, 또 “온몸과 온가슴에 파문”(「포옹 —대만기행 2」)이 일면서 다가오는 진실의 세계를 잊지 않고 살게 될 것이다.

이처럼 고영섭 시학은 대한민국의 역사 안에서 “허공에서 날아온 씨앗 하나가// 싹 하나로 저 우주를 받치고”(「코스모스」) 있는 진리를 통해 ‘신라–고려–조선–대한’을 이어주는 또 다른 시간이 펼쳐질 것을 예감해간다. 그것이 바로 “내 안에서 우러나온 진심의 사원”(「친절 —달라이 라마의 종교」)을 가능하게 할 것임을 믿으면서 말이다.

6.

그동안 우리가 겪어왔던 가혹한 역사는, 우리 안팎의 상황을 폐허로 만들기에 충분한 것이었다. 고대로부터 지속된 외침과 그에 대한 싸움, 근대 이후 성장제일주의와 물신숭배의 과정을 겪으면서, 우리는 정작 중요한 우리의 가치와 기억을 많이 잃어버렸다. 오랫동안 축적해온 사유의 깊이를 상실하고 정작 외형적 변화만을 숭앙해온 것이다. 고영섭 시인은 그 성장과 속도에 가려진, 오래고 가치 있는 것들을 적극 발견하고 표현함으로써, 우리가 잃어버렸던 것들에 대한 성찰 과정을 깊이 있게 보여준다. 이때 씌어지는 시편들은 우리에게 깊은 성찰의 경험을 가져다주고, 오랜 역사의 과정에서 면면히 이어진 우리의 마음을 회복하게 해준다.

그만큼 고영섭의 이번 시집은 우리 시대가 필요로 하는,

우리가 취해야 할, 역진逆進의 태도를 보여주는 뜻 깊은 사례로 우리에게 다가온다. 방대한 스케일과 다양한 발화 방식을 가진 이번 시집이 반가운 것은 바로 그 때문이다. 이는 그 자체로 불교적 사유와 인류 보편의 가치를 통시적으로 수습함으로써, 수직적인 민족사적 원근법과 수평적인 윤리적 투시를 아울러 성취한 결실일 것이다. 소소한 사물시편이나 해체 지향의 난해시편의 틈에서 피어난 진중하고도 탁 트인 화폭인 셈이다. 이 땅의 역사를 이토록 치열하게 읽어간 사랑의 관법이 한동안 우리 시단을 가멸찬 출렁임으로 가득하게 하기를, 마음 깊이, 소망해본다.

고영섭

고영섭 시인은 1963년 경북 상주에서 출생했고, 1989년『시혁명』과 1995년『시천지』로 작품활동을 시작했다. 1998~1999년 월간『문학과창작』으로 추천 완료했으며, 시집으로는『몸이라는 화두』,『흐르는 물의 선정』,『황금똥에 대한 삼매』,『바람과 달빛 아래 흘러간 시』가 있고, 평론집으로는『한 젊은 문학자의 초상』이 있다. 현대불교문학상과 한국시문학상을 수상했으며, 2016년『시와 세계』에 문학평론으로 등단한 바가 있다. 현재 동국대학교 불교학과 교수로 재직 중이다.
고영섭 시인의『사랑의 지도』는 그의 다섯 번째 시집이며,'시로 쓰는 삼대목三代目'이라고 할 수가 있다. 삼대목이라는 신라 진성여왕 때 대구화상과 각간 위홍이 편찬한 향가집이고, 따라서 고영섭 시인은 이 향가를 '시 중의 시'로 손꼽고 있는 것이다. 이 향가는 신라-고려-조선-대한으로 이어지는 시의 역사적 기원이 되고,"허공에서 날아온 씨앗 하나가// 싹 하나로 저 우주를 받치고"(「코스모스」) 있듯이, 그의 시는 전인류의 '사랑의 지도'가 된다.

이메일 : koyoungseop@hanmail.net

고영섭 시집
사랑의 지도
詩로 쓰는 삼대목

발　　행 2017년 10월 20일
지 은 이 고영섭
펴 낸 이 반송림
편집디자인 김지호
펴 낸 곳 도서출판 지혜
계간시전문지 애지
기획위원 반경환 이형권 황정산
주　　소 34624 대전광역시 동구 선화로 203-1, 2층 도서출판 지혜 (삼성동)
전　　화 042-625-1140
팩　　스 042-627-1140
전자우편 ejisarang@hanmail.net
애지카페 cafe.daum.net/ejiliterature

ISBN : 979-11-5728-253-1 03810
값 9,000원